Cronobiologia:

la biologia del Tempo

Juan Moisés de la Serna

Tradotto da: Simona Ingiaimo

www.juanmoisesdelaserna.es

PREFAZIONE

Sarebbe bello se potessimo essere tutti governati dal nostro stesso tempo, che segna il ritmo ottimale durante la riproduzione di qualsiasi attività, e inoltre, come vedremo nel libro, seguirlo influisce sulla salute.
Ognuno di noi è un essere unico, quindi sarebbe conveniente imparare ad ascoltare il proprio organismo, per sapere quale è il tempo che ci governa, adattarsi ad esso, poiché è con tempo che affronteremo in modo più tranquillo i nostri compiti.
Svolgere attività quotidiane più velocemente, porterà solo stress e, di conseguenza, le malattie associate ad esso.
Allo stesso modo, realizzare le attività al di sotto del ritmo provocherà disperazione e noia.
Questo libro affronterà un argomento di grande importanza, sia per l'auto-scoperta personale che per le relazioni sociali, in quanto ci permetterà di avvicinarci agli altri con una nuova prospettiva di arricchimento.

Obiettivo:
L'obiettivo del libro propone un primo approccio al ramo emergente chiamato Cronobiologia.
A tal fine, vengono trattati i temi più rilevanti, e su tale argomento, si offrono i risultati delle ultime ricerche effettuate in tutto il mondo negli ultimi due anni.
Tutto questo spiegato con un linguaggio chiaro e

semplice, lontano dai tecnicismi, spiegando ogni concetto, in modo che possa essere utilizzato come una vera guida iniziale.

Destinatari:

- Professionisti della salute che desiderano approfondire gli effetti del tempo sulla salute.
- Insegnanti che desiderano offrire informazioni aggiornate ai propri studenti sugli orologi interni.
- A chiunque sia interessato a sapere come lavoriamo e le influenze che il tempo ha sul comportamento e sulla salute.

Tema

Successivamente, vengono descritti in dettaglio, i temi principali di quest'opera:

- Il ciclo della vita: tutti gli esseri viventi sono soggetti al passaggio del tempo e alle sue conseguenze, inclusi gli esseri umani, scopriremo come esso ci influenza.
- L'origine del controllo del tempo: una delle grandi scoperte dell'umanità è stata quella di capire e misurare il passare del tempo, che ti permette di fare previsioni, in questa sezione si esplora la storia della misura del tempo.
- L'orologio biologico. Si addentra nel concetto dell'orologio biologico, e come in realtà l'uomo ha più di uno di questi orologi, che aiutano a mantenere il corretto funzionamento del corpo.

Cronobiologia: la biologia del Tempo

INDICE

Dedicato ai miei genitori

Ringraziamenti

Colgo l'occasione per ringraziare tutte le persone che hanno collaborato dando il loro contributo nella realizzazione di questo testo, in particolare la dottoressa Vilma Aho, Bioscienziata, ricercatrice del Team del Sonno di Helsinki, Istituto di Biomedicina, Università di Helsinki (Finlandia) e D. Ricardo López Pérez, ricercatore di cure oncologiche e direttore del dipartimento di ricerca e sviluppo di I+D+I di Immunostep.

"Cronobiologia: la biologia del Tempo"
Scritto daJuan Moises de la Serna

Distributed by TeakTime.
https://www.traduzionelibri.it
Tradotto da: Simona Ingiaimo

CAPITOLO 1. LA PIU' GRANDE SCOPERTA DELL'UMANITÀ

Se ti fermi a guardarti intorno e se pensi a come vivevano i tuoi genitori quando avevano la tua età, puoi capire in termini di progressi tecnologici si è compiuto un grande passo. Loro, 40 anni fa, ignoravano completamente la telefonia mobile, e i termini così comuni al giorno d'oggi, come Facebook, Twitter o WhatsApp, che all'epoca erano impensabili.

Tuttavia, se pensiamo ai genitori dei nostri genitori, 80 anni fa, i cambiamenti sono ancora maggiori rispetto a quelli dei nostri giorni, dove ci svegliamo con la sveglia del cellulare, controlliamo se abbiamo ricevuto messaggi da qualsiasi parte del mondo, vediamo le previsioni del tempo per il giorno odierno; allo stesso modo, la TV al plasma può rendere la colazione più piacevole, e mentre andiamo al lavoro o a scuola possiamo inviare i messaggi con il BlackBerry o ascoltare l'ultimo concerto dell'idolo del momento sull'iPod.

Siamo così abituati alla tecnologia e al suo progresso, che diventa difficile comprendere il concetto di civiltà senza di essa. Infatti, proprio uno dei punti per cui si definisce il primo mondo è per l'accesso alla tecnologia e per i progressi che fornisce in diversi campi come la medicina.

I paesi in via di sviluppo sono quelli che a poco a poco stanno incrementando il loro uso tecnologico, oltre ad integrare le infrastrutture, come la pavimentazione, le autostrade, ma anche le linee elettriche che illuminano le strade o consentono il controllo del traffico con i semafori.

Tuttavia per quelli del terzo mondo o dei paesi sottosviluppati, tutto questo è così lontano, come quando era giovane il padre di nostro padre.

Ci sono stati così tanti cambiamenti in così poco tempo, e siamo così diversi in confronto a quando siamo nati, che alcuni scienziati sono arrivati a proporre che ci troviamo ad assistere ad un nuovo evolutivo della specie umana, di fronte all'homo tecnologico, lasciando definitivamente alle spalle l'homo sapiens, che è emerso migliaia di anni fa.

Ci sono stati molti progressi che la civiltà attuale ha vissuto nel corso della sua storia per raggiungere lo sviluppo attuale che vediamo come normale, progressi che solo un secolo fa erano considerati eccezionali, come l'elettricità, che illumina tutto lo spazio delle nostre città, con i cartelli pubblicitari illuminati, i semafori o i lampioni pubblici; o l'uso massiccio di Internet e della comunicazione remota, attualmente in Giappone, attraverso i tablet o altri dispositivi mobili, si possono utilizzare treni che planano per aria sostenuti da grandi campi magnetici, o si può salire sul famoso treno proiettile della Cina, che attraversa l'altopiano dello Yunnan-Guizhou, a una media di duecentocinquanta chilometri l'ora, che gli consente di ridurre di quasi la metà del tempo impiegato precedentemente per questa rotta.

Invenzioni che fanno parte della nostra vita quotidiana, che solo pochi decenni fa erano impensabili, un progresso che sembra essere sempre più accelerato, che si svolge in un anno, quello che prima richiedeva decenni e che permette di realizzare sempre più i sogni, e che abbiamo persino un appuntamento per la colonizzazione di nuovi pianeti, almeno lo dicono dalla N.A.S.A., che stanno già selezionando e preparando quelli che saranno i primi esploratori del gigante rosso, Marte.

Dal 2012, è stato strettamente sorvegliato da Curiosity che, da allora, non ha smesso di inviare immagini della sua superficie, così come altre informazioni considerate essenziali per poter progettare quella che sarebbe la prima colonia dell'umanità al di fuori della Terra.

Uno sviluppo pieno di luci e ombre, dove i paesi del primo mondo sono diventati i grandi consumatori di tutti i progressi che emergono ogni giorno, e tutto questo a spese dei paesi meno sviluppati, convertiti in manodopera a basso costo per lo sfruttamento delle risorse minerarie e petroliere delle loro terre, o convertiti in produttori, dove le fabbriche sono responsabili della generazione di nuovi prodotti di consumo.

Inoltre, questo progresso tecnologico è stato accompagnato da un aumento dell'assistenza e della qualità sanitaria, consentendo trattamenti nel cuore o nella testa che fino ad un decennio fa erano inimmaginabili, dove la risonanza magnetica consente interventi chirurgici basati su modelli tridimensionali del proprio paziente.

Un miglioramento della qualità della vita che è stato accompagnato da un aumento della diversità del cibo che può essere trovato in qualsiasi supermercato, dalla Colombia, dal Belgio o dal Marocco. Crema di mele, avocado, melograni o datteri sono diventati parte dei nostri menù giornalieri, poiché sono disponibili in qualsiasi momento dell'anno.

Tutto questo, insieme ad altri fattori, sembra essere la chiave per l'aumento dell'aspettativa di vita, che è passata da poco più di venti, a poche centinaia di anni fa, a quarantuno, delle generazioni passate. Sebbene tra scienziati e pensatori non vi sia un consenso unanime sui principali motori dell'evoluzione sociale, i seguenti sono generalmente considerati i migliori candidati:

1) La capacità di gestione del fuoco, che ha permesso di sopravvivere al freddo più intenso dell'inverno, oltre a cambiare il modo di nutrirsi potendo cucinare o affumicare il cibo, evitando così di rovinare e persino di trasmettere malattie, che nei primi i momenti potevano decimare la popolazione esistente.

Col passare del tempo diventerà un elemento essenziale per lo sviluppo di processi determinanti come la fonderia, che inizierà uno dei periodi più turbolenti della storia, l'era dei metalli, dove per ogni combattimento e battaglia era decisiva un'arma di metallo.

E se all'inizio erano di ferro fuso, la scoperta del rame, più malleabile ma anche più duro, ha fatto cadere molti eserciti davanti a coloro che erano riusciti a dominare il segreto del fuoco a proprio vantaggio.

Popoli come i persiani, che erano venuti in Asia, o i mongoli, che avevano conquistato tutte le steppe e persino parte dell'Europa, furono sopraffatti dalle moderne armi e dalle scintillanti armature dei soldati e dai centurioni di eserciti ordinati e organizzati come i romani, le cui spade erano in grado di battere gli avversari con un solo colpo.

L'uso di metalli come l'acciaio è stato esteso a tutti i tipi di veicoli e dispositivi, sebbene oggigiorno, e grazie alla nanotecnologia, siano emersi una moltitudine di nuovi materiali e di tessuti, che assolvono funzioni specifiche, come la memoria che consente il recupero dello stato originale del veicolo dopo una collisione, o gli indumenti impermeabili e le macchie.

2) Lo sviluppo dell'agricoltura insieme alle capacità di allevare e addomesticare gli animali in cattività, sono stati passi fondamentali per l'abbandono della vita nomade e migratoria, che ha permesso di realizzare i primi insediamenti per garantire i mezzi di sussistenza durante tutto l'anno.

Anche se ci sono ancora popoli nomadi e migratori in cerca di pascoli verdi per il loro bestiame, la maggior parte dei villaggi si sono stabiliti in aree limitate, che considerano il loro territorio, che ha portato a lotte per possedere terre al di fuori dei loro confini. .

3) L'invenzione della ruota è stato un elemento essenziale, in quanto consentiva lo sviluppo delle prime macchine importanti quanto la puleggia, essenziale per gli edifici e per i successivi progressi architettonici; inoltre, ha semplificato le attività di trasporto, consentendo il

trasferimento di materiali su lunghe distanze.

4) Lo sviluppo del cemento, che ha permesso gli spostamenti da piccoli villaggi per costruire grandi città, il cui precursore era ampiamente utilizzato dai romani mescolando cenere vulcanica con calce viva, chiamato cemento Pozzolanico, in riferimento al nome delle cave dove furono estratti, vicino al Vesuvio.

Questo ha permesso la creazione di enormi archi e volte fino a quel momento impossibili. Oggi è possibile visitare molti di questi monumenti eretti migliaia di anni fa, sparsi per la capitale dell'Impero Romano come il Colosseo (Anfiteatro Flavio), le Terme di Caracalla o il Pantheon di Agrippa.

5) La creazione e il miglioramento del linguaggio, in particolare della scrittura, come veicolo indispensabile per la diffusione della conoscenza, ha fatto in modo che si superassero i limiti del qui e ora, trasmettendo messaggi a persone che si trovano in luoghi molto distanti e anche in tempi diversi.

6) Lo sviluppo della matematica, come linguaggio universale e i mezzi per comprendere l'ambiente circostante, che ha reso più facile avvicinarsi alla comprensione di microorganismi minuscoli e stelle più lontane.

Tuttavia tutti questi ingegni e sviluppi impallidiscono davanti a uno, che è diventato essenziale per la nostra vita quotidiana, lo troviamo ovunque, l'orologio. Un'invenzione che cerca di spiegare un fenomeno che ha segnato ogni evento nella vita dell'umanità, e il resto degli esseri viventi, il passaggio del tempo necessario e inevitabile, dal momento in cui si nasce fino alla fine. La semplice osservazione del suo passaggio ha meravigliato l'umanità sin dai suoi albori, sia per adattarsi alle condizioni climatiche di ogni stagione, per raccogliere i frutti dopo il periodo della fioritura, o semplicemente per vedere come crescono i neonati, aumentando così il numero di membri del clan.

Tra le molte prove di questo passaggio, forse il più sorprendente, e al tempo stesso intrigante, è stato quello provocato dall'enorme variazione di luminosità durante il giorno, che scendeva fino a scomparire.

Se il giorno forniva luce e calore, la notte, d'altra parte, portava l'oscurità e un calo di temperatura, fonte di grande paura per i nostri predecessori, i quali, a differenza di altre specie animali, non erano particolarmente adatti a sopravvivere in assenza di luce, perché la loro buona vista, così necessaria per la caccia, in quel momento era piuttosto limitata.

A tal fine è stato molto utile una delle prime scoperte, già commentate, il domino del fuoco, che a loro non era del tutto sconosciuto, poiché l'avevano trovato naturalmente, negli alberi illuminati dopo un fulmine, o nel aree di attività vulcanica.

Questa scoperta ha dato loro un nuovo status nella catena alimentare, dal momento che potevano usarlo come arma o per preparare il cibo cacciato. Era molto utile anche per proteggersi dai predatori, che spesso si aggiravano nei dintorni dei luoghi in cui si erano rifugiati. Inoltre, non avrebbero impiegato molto a utilizzare le altre proprietà, come la generazione di calore, così importante per le notti più fredde o per le stagioni invernali; e la sua luminosità, qualcosa di fondamentale per la vita nelle caverne scarsamente illuminate dai pallidi raggi della Luna.

Uno dei fenomeni che hanno maggiormente influenzato la cultura dei primi popoli è stato l'ammirazione per il ciclo giorno-notte e i suoi effetti sugli esseri viventi, profondamente radicata nelle loro tradizioni e credenze, che ha generato intorno a loro una moltitudine di miti e leggende che cercano di spiegare questo strano fenomeno, in cui sono coinvolti due grandi corpi celesti, il Sole e la Luna.

Il primo di questi è associato alla vitalità poiché, dal momento in cui sorgeva la luce, si alzava la temperatura e la maggior parte degli esseri viventi recupera il proprio movimento lasciando il letargo della notte, dando inizio all'attività del giorno.

I maschi ominidi escono per cacciare, mentre le femmine rimangono per svolgere i compiti di raccolta dei frutti selvatici della zona. La caccia diventa così l'asse della vita sociale, dove una buona caccia, viene celebrata da tutti, poiché fornirà cibo per diversi giorni.

Così il sole è diventato il simbolo che rappresenta il mondo maschile, la forza e la vitalità della natura, considerato da alcune culture come la principale divinità e padre del resto delle divinità; numerosi esempi che si possono trovare in tutta la Terra, dalle civiltà bagnate dal Mediterraneo come l'egiziano (Ra) o il greco (Helios), a quelli americani come l'Aztec

(Tonatiuh) o l'Inca (Inti), o asiatici come la Cina (Ri Gong Tai Yang Xing Jun).

Inoltre, quella palla di fuoco calda e vitale sembra descrivere nel cielo sempre la stessa disposizione di una strada che inizia a Oriente dove parte, passando attraverso lo zenit, a mezzogiorno, fino a raggiungere l'Ovest dove si posa; un viaggio che è stato raccolto da varie tradizioni come l'Astro Rey che è stato spostato da una macchina o una barca solare lungo la volta del cielo, da cui è tornato dopo il tramonto.

Una forte convinzione che ha dovuto aspettare di essere spiegata nel XVII secolo da Galileo Galilei. È un effetto visivo causato dalla rotazione della Terra sul proprio asse con un movimento continuo verso Est, che fa sì che, prendendoci come riferimento, qualsiasi stella esterna sembra girare nella direzione opposta, come accade al Sole, che si vede attraversare il firmamento da Est a Ovest.

Tuttavia, forse il fenomeno più misterioso e attraente, che ha sorpreso e abbagliato l'umanità allo stesso modo, è stato quello originato dalla stella più vicina alla Terra, l'enigmatica Luna.

L'attività che si svolge durante la notte è molto diversa da quella del giorno, è il momento in cui gli anziani approfittano per trasmettere la loro saggezza ed esperienza ai più piccoli, usando storie e favole che li aiutano a ricordare i loro insegnamenti, riuniti al calore di un falò, prima di andare a riposare fino all'alba del nuovo giorno.

Tutto sotto la supervisione di quel corpo celeste brillante,

che a volte sembra illuminare tanto quanto il Sole, il quale accompagna solo un marcato calo della temperatura, a parte il buio l'emergere di milioni di piccoli punti brillanti nel firmamento.
Sono state attribuite caratteristiche sorprendenti all'unico satellite della Terra, che forse, nel momento in cui vi è un maggiore consenso, influenza le maree, fino al più discusso, negli esseri umani libera gli istinti primitivi.
Per quanto detto prima, la Luna è stata tradizionalmente associata ad un mondo di sottigliezza e delicatezza, essendo raffigurata come una divinità femminile, sia tra i popoli del Mediterraneo, per esempio, l'egiziana (Iside) o la greca (Artemis), l'americana Azteca (Coyolxauhqui) o l'Inca (Mama Quilla), o le asiatiche come la cinese (Chang E).
Questo cambiamento drastico di luminosità tra il giorno e la notte ha permesso ai nostri antenati di iniziare a rendersi conto di qualcosa al di fuori della loro comprensione, che inevitabilmente impressionava tutti gli esseri viventi, il trascorrere del tempo.
Ogni nuova alba, era un giorno di vita in più per quei primi ominidi, che al fine di poter comprendere quello che accade intorno a loro, lentamente diventano consapevoli dell'importanza di aspettare queste variazioni.
A differenza del Sole, che può essere osservato sempre con la stessa sfericità, la Luna mano man mano che passano le notti sembra cambiare forma, vedendosi più o meno rotonda a secondo della fase in cui si trova.
All'inizio del ciclo lunare dalla sua forma più completa e

arrotondata, simile al Sole (Luna Piena o Plenilunio) passa ad una posizione in cui mostra solo una piccola porzione semicircolare della sua superficie verso destra (Quarto Crescente) fino a scomparire lasciandosi vedere completa (Luna Nuova o Novilunio o Luna nera), per poi ripresentarsi lentamente con la parte sinistra (Quarto Calante), fino a completare di nuovo il ciclo con la luna Piena.

Un fenomeno astronomico che è iniziato a registrarsi, dato che il suo ciclo prevedibile è di ventinove giorni, ciascuna fase ha una settimana di durata. Dopo aver verificato come si succedevano le fasi lunari, si pensò che essa poteva essere una buona misura del tempo, per potere, in qualche modo, comprendere i cambiamenti del mondo che li circondava.

Ed e così il che è nato il primo calendario, basato, appunto, sulle lune, che permetteva di contare ogni quanti cicli vi era l'abbondante primavera o quando potevano emigrare a causa della comparsa dei primi freddi, che annunciavano il rigido inverno; ciò ha dato origine ai primi registri sui cambiamenti stagionali.

Ma non sono stati solo questi fenomeni che si ripetono con una certa regolarità quelli che hanno stupito l'umanità, lasciando traccia, prima per mezzo di pittogrammi e poi passando alla lingua scritta. In diverse latitudini troviamo i registri delle apparizioni di strani fenomeni atmosferici, come le aurore e i corpi cosmici, attraverso il grande cielo, come in passato è stato chiamato il cielo, che lasciano una scia luminosa.

Al contrario, molti altri fenomeni sono passati inosservati perché non avevano sufficiente regolarità, anche grazie alle cronache del tempo, come le aurore, i terremoti, le alluvioni o la siccità.
Un mondo remoto pieno di cambiamenti imprevedibili, che avevano lo scopo di essere compreso dai nostri antenati, inizialmente utilizzando spiegazioni basate su grandi forze della natura che si sono comportati in modo caotico e senza criterio, spesso personificato nelle loro divinità mitologiche, che in molti casi sono stati adorati, e venivano fatte delle offerte per ottenere il loro bene placido e per scongiurare la loro rabbia.
Esempi come questo si sono diffusi in tutta la geografia del mondo e nelle tradizioni e culture dei nostri antenati, in modo che possiamo trovare riferimenti a divinità come Thor, dio del tuono nella mitologia nordica; Namazu, divinità giapponese dei terremoti; o Eolo, divinità greca dei venti.
Inoltre, la curiosità umana non si è fermata qui; il prossimo passo verso l'accumulo di questi minuziosi registri, è stato quello di cercare, per quanto possibile, una sorta di spiegazione, una relazione tra questi eventi esterni che ha avuto una tale influenza sulle condizioni della vita, che colpisce sia la caccia che il raccolto.
Forse la relazione più ovvia si trova osservando vari cambiamenti nella natura, a un livello climatologico che porta una moltitudine di piccole variazioni in termini di disponibilità di cibo e acqua, come fa ognuna delle quattro stagioni durante l'anno.
In primavera, i fiori sbocciano e i frutti emergono, mentre

gli animali si accoppiano per procreare; tutto sembra essere favorevole alla vita.

In estate, le temperature aumentano e le piogge diminuiscono e in alcuni punti l'acqua disponibile è così scarsa da costringere a spostarsi in luoghi più benevoli.

L'autunno, considerato come un momento di transizione, dove si verificano cambiamenti di temperatura, con piogge frequenti e la caduta delle foglie degli alberi, è anche quando gli uccelli migrano alla ricerca di luoghi più caldi.

L'inverno, al contrario dell'estate, è la stagione più fredda, dove la luce è più debole, le notti più lunghe e la vegetazione e gli animali scarseggiano alle latitudini più alte. L'interesse non è più semplicemente lasciare scritti quei fenomeni e cercare di dare un senso, ma iniziare a cercare la possibilità di prevedere, e quindi trovare un modo sia preparare che porre rimedio, per quanto possibile alle avversità, di sfruttare momenti buoni.

Non erano ancora guidati da anni di 365 giorni, come li conosciamo oggi, ma erano guidati dalle stagioni, si cominciarono a usare per conoscere l'età di ciascuno, dal numero di primavere che avevano vissuto, e, ancora alcune città oggi li continuano ad usare, mantenendo un contatto diretto con la natura.

Nell'antichità non solo si sono interessati all'osservazione di eventi atmosferici o astronomici, ma anche a tutto quel fenomeno che potrebbe influenzare il normale sviluppo della vita, come dimostrato dagli antichi registri del livello dell'acqua che intendevano cercare, al fine di

prevedere l'inondazione del Nilo nell'antico Egitto.
A tal fine, è stata sviluppata un'invenzione denominata nilometro, attraverso la quale sono state effettuate delle misurazioni annuali del livello massimo di flusso raggiunto durante la stagione delle piogge in diversi luoghi per sapere se quell'acqua avrebbe inondato i campi o se quell'anno ci sarebbe stata la siccità.
Si stima che, a suo tempo, ci sono stati fino a quindici nilometri distribuiti in tutto il fiume, dall'isola di Elefantina (Assuan) nella parte superiore del Nilo al Rawdan o Roda (Il Cairo) nel delta del Nilo, ma come sono arrivati alla conclusione che era passato un anno?
Prima di tutto, l'umanità ha dovuto sviluppare una misura del tempo efficace, per la quale si cominciò a migliorare il sistema di valutazione sempre più preciso, che continua ancora oggi.
Da questa necessità è sorto il calendario lunare, in cui un ciclo completo della Luna era considerato come l'unità di misura del tempo chiamata mese lunare o lunazione, di cui esistono alcune dati nei resti di ossa del tempo paleolitico. Attualmente utilizzato da alcune religioni, come la religione musulmana, per calcolare le date in cui celebrare le loro festività più importanti come il Ramadan.
I primi abitanti dell'impero egiziano lo abbandonarono per iniziare a calcolare il tempo secondo l'apparente movimento del Sole, un sistema abbastanza semplice per contare il passare dei giorni; da questa misura sorse il calendario solare diffuso oggi.
Questa invenzione ha permesso di posizionarci in un

presente, potendo conoscere la distanza in secoli, lustri, decenni, anni, mesi o giorni che ci sono rispetto ad un certo evento del passato.

Questo calendario è stato perfezionato definendolo in 365 giorni e fu introdotto da Giulio Cesare in tutto l'Impero Romano nella prima metà del I secolo a.C., di stabilendo ogni 4 anni i bisestili, dove si aggiungeva un giorno in più.

Nonostante la regolazione dei calcoli, si producevano ancora ritardi rispetto all'anno naturale o astronomico (il tempo necessario alla Terra per orbitare intorno al Sole), fino a che papa Gregorio XIII lo modificò con un nuovo calendario che porta il suo nome, essendo il più diffuso e attualmente il più utilizzato. Stabilito in questo modo l'anno solare o tropicale (il tempo trascorso nel passare il Sole tra due equinozi uguali, per esempio, da primavera a primavera) in 365 giorni, 5 ore, 49 minuti e 12 secondi; quelle ore, minuti e secondi sono quelli che vengono corrette grazie agli anni bisestili.

Un'evoluzione del calendario solare, è quello che tiene conto sia del ciclo lunare che del ciclo solare, chiamato lunisolare, per cui si ha bisogno di applicare complicate formule matematiche, ed è stato adottato solo da pochi popoli oggi, come gli ebrei o i cinesi.

Il motivo per il quale non è stato raggiunto il consenso unanime, è stato quello di determinare da che ora inizia il calendario, cioè decidere cosa viene preso in considerazione per stabilire l'anno zero.

Nel calendario più esteso, quello gregoriano, come anche quello giuliano, inizia dalla data in cui si stima sia nato Gesù Cristo, indicando le date come erano accadute prima di detta data, a.C. (prima di Cristo) o dopo, d.C. (dopo Cristo).

D'altra parte, altre religioni stimano il momento zero dei loro calendari da altri fatti rilevanti per loro, come nel caso degli ebrei che lo iniziarono nel 3761 a.C., data della formazione della Terra secondo i calcoli basati sulla Genesi; i musulmani dall'inizio dell'Egira (migrazione di Maometto dalla Mecca a Medina) nel 622 d.C., i buddisti dalla nascita di Buddha Guatama, nel 563 a.C.

Questa invenzione che, come abbiamo visto, ha avuto un ampio sviluppo nella storia dell'umanità, è ormai diventata una parte indispensabile della nostra vita, infatti, è necessario determinare anche il numero di anni che abbiamo.

CAPITOLO 2. IL CICLO DELLA VITA

Come commentato finora, in natura ci sono fenomeni puntuali e imprevedibili, quasi capricciosi, che si verificano inaspettatamente e non si regolarizzano, come avviene con tempeste elettriche o con le frane.
Ma non tutto nella vita è ciclico, infatti, i climatologi parlano di singolarità, quando si verifica un fenomeno strano e inaspettato, che è difficile da vedere in un'altra occasione, e ciò è dovuto alla confluenza di circostanze speciali e specifiche, che è difficile che in un altro momento si possano riunire di nuovo quelle stesse forze della natura per causare questa unicità.
D'altra parte, ci sono altri fenomeni più prevedibili, proprio perché si verificano regolarmente, sia atmosferici, come il periodo degli uragani (negli Stati Uniti si verificano tra agosto e settembre) o dei monsoni (nell'Asia meridionale si verificano da giugno a settembre); che astronomici come le Lacrime di San Lorenzo o Perseidi (appaiono intorno alla prima metà di agosto) o alcune delle comete in orbita attorno al Sole.

Lo sapevi che...?
La cometa Halley si avvicina alla Terra in media ogni 76 anni, la sua orbita è stata registrata e calcolata per la prima volta nel 1705 da Edmond Halley a cui deve il suo nome, e l'ultima volta è stata avvistata nel 1986, si avvicinerà all'orbita della Terra per l'anno 2061.

Ma questa regolarità non riguarda solo i fenomeni atmosferici o astronomici; per quanto poco guardiamo alla natura, ci renderemo conto che tutto ciò che ci circonda sembra essere soggetto, in un modo o nell'altro, a una certa regolarità.
Nel frattempo, gli esseri viventi seguono uno schema regolare, un piano prescritto nel nostro codice genetico che inevitabilmente compiono tutti, chiamato il ciclo di vita, che si compone di diverse fasi, essendo il suo numero diverso a seconda dell'autore interpellato.
In questo caso adotteremo la denominazione più comune e conservatrice che divide il ciclo della vita in sei fasi attraverso le quali tutti gli esseri viventi devono necessariamente passare attraverso la loro vita: nascita, crescita, sviluppo, maturità, declino e morte. .
Anche se a volte, alcune di queste fasi possono verificarsi così rapidamente da essere quasi trascurabili, come nel caso della mosca della frutta o dell'aceto (Drosophila Melanogaster) il cui ciclo di vita è di appena due settimane, il tutto un'eternità se la confrontiamo con la mosca di maggio o di Pescar (Ephemerellidae) che vive uno o due giorni.
All'altro estremo troviamo gli animali più longevi che possono vivere decenni per ogni tappa della loro vita, tra i quali le tartarughe giganti delle Galapagos, che possono vivere fino a 180 anni, meno noto è la balena della Groenlandia o Boreale (Balaena mysticetus), che può vivere fino a 200 anni.
Nel mondo vegetale il ciclo vitale è molto simile a quello

menzionato, la germinazione, la crescita, la fioritura e la produzione di semi, e alla fine la morte; anche se il loro ciclo avviene così lentamente che possono, in confronto alla nostra vita, diventare immortali.

Il pino del Colorado (Pinus aristata) può vivere circa 1500 anni; mentre i giganteschi alberi di sequoia (Sequoiadendron), che sono i più grandi vegetali del mondo, raggiungono un'altezza di oltre cento metri, possono raddoppiare la vita del pino del Colorado.

Se osserviamo i corpi celesti come i pianeti e le stelle, apparentemente statici e inerti, ignari di ogni cambiamento; anche questi sono soggetti al loro stesso ciclo, di formazione, crescita e morte, ma invece di fare i calcoli in anni è fatto in milioni e miliardi di anni.

L'essere umano, come non poteva essere altrimenti, è impostato per lo stesso ciclo di vita che governa tutte le cose viventi, essendo in grado di distinguere i vari stadi per tutta la vita, la nascita, l'infanzia, la pubertà, l'adolescenza, l'età adulta, la vecchiaia e la morte.

Un processo che, nella razza umana, nonostante sia universale, mostra notevoli differenze a seconda del paese in cui nasce e dipende dall'aspettativa di vita di ogni luogo.

Ci sono molteplici fattori che possono spiegare queste differenze, a cominciare, ad esempio, dal diverso sviluppo socio-economico, l'accesso privilegiato ai progressi medici e tecnologici, il livello di sicurezza, la qualità della vita, l'accesso necessario al cibo o all'acqua.

Attualmente, i paesi sviluppati hanno un'aspettativa di

vita superiore al resto del mondo, in alcuni casi oltre gli 80 anni, come nel caso della Svizzera, della Spagna o dell'Australia; mentre, in altri, quelli che a malapena beneficiano delle scoperte mediche o delle guerre tribali in corso, sono in coda in termini di aspettativa di vita, raggiungendo in media solo 50 anni, come nel caso della Sierra Leone, dello Zambia o dell'Afghanistan.
Indipendentemente dal paese in cui vivi, ci sono stati casi di centenari, che sono sopravvissuti a tutta la loro generazione; questi sono distribuiti in tutta la geografia del pianeta, dall'Australia, alle Barbados, passando per Capo Verde o per l'Islanda; ma tutti morirono quando si avvicinarono alla cifra di 120 anni, che è diventato il limite biologico.

Dei miliardi di abitanti del nostro pianeta, solo pochi hanno potuto vivere così a lungo, quindi possiamo stimare che siamo prima del limite massimo della nostra specie, che raggiunge ancora una piccola parte della popolazione.

Anche se per la maggior parte il limite sembra essere ancora irraggiungibile, c'è stato un notevole aumento in molti dei paesi sviluppati e in via di sviluppo, come in America Latina, che nell'ultimo secolo la vita dei suoi abitanti è aumentata a 45 anni.

Alcune voci accreditate come la O.N.U. (Organizzazione delle Nazioni Unite) riferisce un imminente problema mondiale in relazione all'aumento eccessivo della popolazione degli anziani, a causa della mancanza di guerre e dell'abbondanza di disponibilità di cibo e acqua, nonché a miglioramenti medici e tecnologici efficaci per aumentare la qualità di vita della popolazione anziana.

Il problema prevedibile non è tanto che ci sarà sempre più popolazione che invecchia, ma ciò avverrà in paesi con un basso tasso di natalità, come nel caso di alcuni paesi europei o del Giappone; questo non è sufficiente per mantenere l'attività economica del paese, e quindi, assicurare il mantenimento di livelli ottimali di servizi sociali che sono fortemente necessari a partire da un'età.

Al giorno d'oggi, rimane aperta la discussione sul limite di sopravvivenza dell'essere umano, considerando che questo sarà determinato dallo sviluppo della scienza, sia in termini di progressi in merito a trapianti di arti e di organi del corpo umano; che in termini di progressi nei farmaci più efficaci; o alla rigenerazione cellulare.

È indiscutibile il progresso negli ultimi anni in termini di chirurgia ricostruttiva, che cerca di alleviare le lesioni o la perdita di un arto o di un organo, anche in corso di realizzazione con relativa facilità, le "sostituzioni" dei componenti del corpo che hanno smesso di funzionare a causa di malattie congenite o acquisite.

Giorno dopo giorno, abbiamo notizie di nuove imprese in questo campo che è così importante quando s'invecchia, poiché vi è maggiore la probabilità di avere un incidente a causa di una lesione.

Inoltre, anche in assenza di incidenti, per la semplice usura dell'organismo, in molti casi è necessario eseguire interventi chirurgici impensabili fino a pochi anni fa, e che, in combinazione con esercizi di riabilitazione postoperatoria, offrono una speranza di vita più lunga e con qualità migliore.

Il Personaggio ...
Il Dr. Pedro Cabada, in pochi anni è diventato un riferimento mondiale per quanto riguarda la chirurgia ricostruttiva. Tra i suoi numerosi successi c'è quello di essere il primo al mondo ad eseguire un trapianto di gambe simultaneo e bilaterale.

Tuttavia non tutti vedono vantaggi nell'estensione della vita umana così a lungo, poiché aumenta solo le possibilità di un problema del mondo di difficile soluzione, quello della sovrappopolazione. Un problema cruciale per la F.A.O. (sigla inglese dell'Organizzazione delle Nazioni Unite per l'Alimentazione e l'Agricoltura), che, nel prossimo futuro, insieme al cambiamento climatico e all'espansione dell'agricoltura possono mettere a repentaglio seriamente la stabilità alimentare mondiale.
Secondo i rapporti che si occupano di questa situazione, questa sovrappopolazione e con la stessa, la produzione alimentare mondiale, farà sì che le nazioni, al fine di soddisfare tutti i bisogni, siano costrette a combattere tra loro per queste risorse insufficienti.
Un quadro desolante, che riflette il delicato rapporto con l'ambiente da cui dipendiamo e dobbiamo imparare a rispettare, per garantire la nostra stessa sopravvivenza.
In effetti, alcuni scienziati, in testa troviamo il tecnologo

Raymond Kurzweil, dicono che se fossero disponibili tecnologie appropriate, al fine di continuare la loro esistenza, gli esseri umani potrebbero essere immortali, ed "essere riparati" ogni volta che è necessario.

Il desiderio di conservarsi al di là dei secoli, dove ogni giorno si fanno progressi straordinari, e non solo in termini di trattamenti rigenerativi o di chirurgia ricostruttiva, come detto, ma anche in termini di servizi agli anziani denominata l'assistenza socio-sanitaria. Un'assistenza specializzata che influisce direttamente sull'aumento della qualità della vita e quindi sull'aumento dell'aspettativa di vita degli anziani.

Nonostante tutto, ancora oggi non si sa come affrontare una delle sfide più importanti della scienza medica, il cervello.

Un organo, parte del sistema nervoso, che al momento non può essere sostituito, né da un'altra persona né da una cosa artificiale. Questo perché è il più complesso del corpo umano, non solo nella struttura, composta da milioni di neuroni (materia grigia), che a loro volta sono collegati insieme da un sistema di cablaggio intricato (materia bianca) che si estende attraverso il midollo spinale per connettersi con il resto dei nervi diffusi in tutto il corpo.

I dati ...

Il cervello di un adulto può contenere circa cento miliardi di neuroni; ognuno dei quali può essere collegato con altri migliaia di essi.

Con questa distribuzione dei nervi, il cervello riceve informazioni sia dall'esterno, attraverso i sensi, la vista, l'udito, l'olfatto, il gusto e il tatto; che all'interno, percependo le sensazioni di fame, di stanchezza e di dolore, quando ciò si verifica.

Tutte queste informazioni sono ordinate, elaborate e prese in considerazione dal cervello quando si prendono le decisioni appropriate. Un organo fondamentale ed essenziale, da cui è governato il resto del corpo, la temperatura, la fame, il sonno ... così come il nostro comportamento esterno, tramite i controlli dei movimenti fini e spesanti dei muscoli.

La cosa più straordinaria di questo organo enigmatico, è che grazie ad esso si producono i cosiddetti processi superiori o cognitivi quali l'attenzione, la percezione, la memoria o il pensiero, che ci configura come specie e come individuo, e ci consente di relazionarci con l'ambiente circostante e con noi stessi.

Il corso degli anni, ha il suo effetto anche sul cervello, causando una progressiva perdita di neuroni e delle loro connessioni tra di loro; che si rifletterà in un rallentamento dell'elaborazione delle informazioni, nonché la graduale perdita di capacità in quei processi superiori.

La sfida è quindi non solo di fornire i mezzi per sostituire i membri o gli organi che possono essere danneggiati durante la nostra vita, o semplicemente hanno smesso di funzionare correttamente, ma di ottenere lo stesso nel cervello.

Qualcosa che scarsamente fino a pochi decenni fa è

stato considerato impossibile, perché si credeva che tutte le cellule del corpo, ad eccezione di neuroni e cellule del cuore, si rigeneravano. Le ultime scoperte, d'altra parte, mostrano che anche nell'età adulta vengono prodotti nuovi neuroni, un processo chiamato neurogenesi. Un campo di ricerca che è diventato una speranza, per combattere un domani gli effetti che il passare del tempo provoca nel nostro cervello invecchiando.
Un indubbio progresso verso quell'obiettivo di superare il limite di 120 anni che sembra fissato nella nostra natura come l'età massima di sopravvivenza come specie.
Ma c'è ancora un altro ostacolo da superare rispetto al cervello, e cioè le malattie mentali, che sono lungi dall'essere capite e quindi in grado di offrire un adeguato intervento.

Lo sapevi che ...?
Secondo il rapporto "The economic cost of brain disorders in Europe 2010", la più grande sfida economica del prossimo futuro dell'Europa sarà quella di affrontare il crescente aumento delle malattie mentali.

C'è una vasta gamma di malattie mentali, in alcune delle quali è nota la componente genetica, e in alcuni gli elementi del contesto che possono scatenarla, ma c'è ancora una profonda comprensione dei meccanismi coinvolti.
La comparsa della maggior parte di queste malattie è

associata a una certa fascia di età; alcuni sono più tipici dell'infanzia, mentre altri sono più probabili in età avanzata, comprese le malattie neurodegenerative, che coinvolgono problemi cognitivi causati dalla morte neuronale prematura e progressiva, come l'Alzheimer, il Parkinson o la Sclerosi Multipla.

A tale riguardo, si stanno compiendo grandi sforzi per promuovere la ricerca, a seguito della quale sono state sviluppate specifiche tecniche di riabilitazione neuropsicologica, che perseguono attraverso la rieducazione di funzioni cognitive superiori usando processi non affetti dalla malattia, e con essa rallentare il più possibile gli effetti del processo degenerativo.

CAPITOLO 3. IL CONTROLLO DEL TEMPO

Oggigiorno è inimmaginabile vivere senza guardare l'orologio per sapere che ore sono, per andare al lavoro o per un appuntamento, o semplicemente per non perdere il nostro programma televisivo o radiofonico preferito.

Da quando eravamo piccoli li vedevamo dappertutto, che si trattasse dell'orologio a cucù, o di orologio a muro o di orologio da polso. Ma oltre agli orologi più o meno grandi, essi sono presenti anche in molti dei dispositivi che usiamo quotidianamente, nella sveglia, nel cellulare o nel computer. In questo modo tutti abbiamo un orologio che ci informa sul futuro, indicando le diverse attività che dobbiamo svolgere in ogni momento.

Nonostante la sua apparente semplicità, è un'invenzione che, come abbiamo visto con il calendario, ha avuto bisogno di essere perfezionata nel corso degli anni.

Dalle prime misurazioni usando la meridiana rudimentale e non precisa, in cui un bastone era conficcato nella sabbia, osservando l'avanzare dell'ombra; fino a raggiungere la misura più esatta attualmente conosciuta grazie all'orologio atomico, che utilizza come referente le vibrazioni naturali degli atomi, con una precisione tale da stimare che ritardi un secondo ogni 300 anni; anche se gli scienziati stanno già facendo ricerche per migliorarlo.

Dal 1884 tutti gli orologi del mondo sono stati adattati al sistema G.M.T. (Tempo Medio di Greenwich), basato sulla rotazione della Terra, che è stato utilizzato per calcolare le variazioni orarie tra i paesi.

Ma nel 1972 fu cambiato in U.T.C. (Tempo Coordinato Universale) per adattarlo alla precisione dell'orologio atomico, mantenendo la stessa relazione dei fusi orari.

Per fare ciò, la superficie della Terra è stata divisa in ventiquattro meridiani, che la attraversano da nord a sud, con una separazione di quindici gradi di lunghezza tra ciascuno di essi.

A partire dall'Osservatorio Astronomico di Greenwich in Inghilterra, dove passa il meridiano dello stesso nome, considerato il riferimento (vecchia G.M.T. 0, attualmente U.T.C. 0), mentre se andiamo verso est, si aggiunge un'ora ad ogni meridiano attraversato; se andiamo verso ovest, si sottrae un'ora.

Sebbene attualmente a questi ventiquattro fusi siano stati incorporati altri, di un quarto d'ora e di mezz'ora, praticamente si utilizzano quasi quaranta fusi orari.

Questa regola generale così utile al mondo finanziario, perché si aprono e si chiudono le borse di ciascun paese, oltre che per i turisti e per gli avventurieri che viaggiano all'estero, sono state aggiunte delle eccezioni nei confini internazionali o nei regolamenti interni di ogni stato.

Tanto che ci sono paesi che, a causa della loro vasta area, sono attraversate da diversi meridiani, che hanno deciso di mantenere il programma invariabile all'interno dei loro confini, come nel caso della Cina (U.T.C. +8) attraversata da quattro meridiani. Ciò causa situazioni tanto strane come quelle che accadono quando si lasciano i loro confini per entrare in Afghanistan, dove le lancette dell'orologio devono essere spostate indietro fino a 3 ore e mezza.

D'altra parte, gli altri paesi si adattano in base al meridiano che corrisponde al loro, con variazioni orarie all'interno dei loro confini, come il Canada con sei fusi, l'USA con cinque, quattro in Groenlandia o tre fusi orari in Australia.

Anche se ci sono paesi che mantengono alcuni dei loro fusi all'interno dei loro confini, come nel caso della Russia, che nel 2010 ha eliminato due dei suoi fusi orari, passando da undici a nove.

Normalmente quando cambiamo località attraversando vari fusi orari, si genera un fenomeno noto come jet lag o scompenso orario, in cui vi è una differenza notevole tra il nostro orologio interno (che coincide con l'orario di partenza) e la destinazione, così il corpo subisce una serie di cambiamenti di umore, di problemi digestivi, di problemi di memoria e di affaticamento.

Questi squilibri sono temporanei e spariscono gradualmente adattandosi al nuovo ciclo giorno-notte. Questo sarebbe un esempio di crono-squilibrio, che si verifica quando c'è una desincronizzazione nel nostro orologio interno.

Ma se con ciò crediamo di poter prendere le valigie e sapere a che ora arriveremo a destinazione, ci sbagliamo. Non è sufficiente conoscere l'orario di partenza, aggiungere la durata del viaggio e aggiungere o sottrarre il cambio di orario tra paesi. C'è ancora una pratica ancora più sconcertante da considerare. È un cambio di programma interno a seconda che si tratti di inverno o estate.
Alcuni paesi hanno adottato questa misura come una forma di risparmio energetico, in particolare nel settore, avanzando di un'ora in più in estate per approfittare del sole che sorge prima e ritardandolo in inverno.
Queste variazioni, che anticipano o ritardano di un'ora l'orologio, in alcuni casi, possono risultare simili alla programmazione jet lag appena discussa, squilibri che possono durare parecchi giorni, interessando sia il sonno che la concentrazione, e possono avere un maggior impatto su bambini e anziani.
Questo fenomeno ha cominciato a chiamarsi jet lag sociale, e si verifica a causa di richieste sociali che causano uno squilibrio nel nostro orologio interno, causando alterazioni come quelle sopra menzionate.
A causa di questi effetti negativi temporanei sul rendimento, alcuni paesi non hanno adottato questa misura e mantengono lo stesso programma per tutto l'anno, come nel caso di paesi come la Cina, il Giappone o l'India.
Ora siamo pronti a sapere esattamente l'ora locale di arrivo a destinazione, per la quale dobbiamo tenere conto sia dei fusi orari che del cambio di stagione,

qualora si verificasse.
Ma scavando un po' più in profondità nel jet lag sociale, vale a dire ciò che fanno le richieste sociali, che variano il nostro normale ciclo giorno-notte, troviamo situazioni come il lavoro a turni, quando si inverte la giornata lavorativa durante la settimana o durante il mese, il passaggio di turni del mattino, del pomeriggio o della notte secondo le necessità produttive del momento, sono la causa degli squilibri nell'organismo che influenzano le prestazioni del lavoratore.
Il lavoro notturno causa gli stessi o più danni alla salute, dal momento che l'orologio interno si deve modificare completamente, avendo bisogno di invertire il proprio ciclo; a questo si aggiungono una significativa alterazione nelle relazioni sociali, con il resto della famiglia e con gli amici, e con la società in generale, alterazioni a mantenere il proprio ciclo di luce e buio, e le interazioni sono ridotte, e può causare gravi scompigli familiari.
Recenti studi con gemelli, condotti congiuntamente da scienziati tedeschi e danesi, dimostrano che gli effetti nocivi sulla salute, sia sul lavoro a turni sia sul lavoro notturno, sono più profondi di quanto si pensasse in precedenza; è stato notato che la modifica dell'orologio interno, addirittura può causare piccoli cambiamenti nel codice genetico trasmesso (metilazione del DNA) ai figli, che si tradurrà in disturbi del metabolismo e in disturbi del sonno, che a lungo termine portano a malattie fisiologiche e psicologiche.
Quindi, anche se non ce ne rendiamo conto, il tempo

gioca un ruolo molto importante in tutti gli ambiti della vita, essendo in grado di determinare una buona parte del comportamento, così come il successo delle relazioni sociali.

CAPITOLO 4. L'OROLOGIO UMANO

La natura ha una grande influenza sulla vita, forse più di quanto avessimo capito fino ad ora. Per sapere come influisce, in primo luogo, dobbiamo sapere quali sono i suoi cicli, questi vanno dal più breve al più lungo, a partire dal circadiano (24 ore), il lunare (29 giorni), lo stagionale (4 stagioni) fino all'annuale (365 giorni).

Ognuno di questi ha il suo effetto sul corpo, in particolare nel sistema endocrino, responsabile per la scissione degli ormoni che influenzano direttamente l'umore e sono coinvolti in altri in importanti funzioni quali la crescita, ognuno dei quali andrà a influenzare l'umore e lo stato di concentrazione, che a sua volta influenzerà le prestazioni intellettuali e le relazioni sociali.

Da qui l'importanza di conoscerle e di tenerle in conto, perché, quando inizia l'autunno, il tempo non si limita a "portare" un freddo, ma va ben oltre, ci può fare ammalare di gravi malattie come per esempio, la depressione stagionale.

Tuttavia, come se ciò non bastasse, oltre ad essere influenzato dai cambiamenti esterni della natura, cioè dai ritmi estrinseci, siamo influenzati anche da ritmi interni del corpo, chiamati endogeni, cioè, all'interno di ciascuno di noi, ci sono una serie di processi che si ripetono e si verificano ciclicamente, che avranno anche una grande influenza sulla prestazione e sulle relazioni sociali. Il ramo della scienza che è responsabile

di questi studi, si chiama cronobiologia.
Forse il ritmo interno più evidente, che coincide con quello del ciclo giorno-notte, è quello del sonno-veglia di 24 ore; in realtà, il fenomeno del jet lag, come spiegato, è un chiaro esempio che abbiamo "qualcosa" dentro che ci fa tenere il "ritmo" a prescindere dal tempo, e se si sposta e varia la relazione giorno-notte, si sarà soggetti ad alcuni effetti del riadattamento.
Anche se ci sono state esperienze di jet lag da quando si è iniziato a viaggiare, i suoi effetti sono diventati più evidenti con il miglioramento dei mezzi aerei e di locomozione, portandoci in luoghi che in precedenza potevano raggiungere dopo giorni o addirittura dopo settimane di viaggio, diventando noti come "Il male del viaggiatore".

Lo sapevi che...?
Charles Lindbergh nel 1927 è stato il primo pilota ad attraversare l'Atlantico in aereo, in volo non-stop da New York a Parigi, più di cinquemila ottocento chilometri di distanza, investendo più di 32 ore su tale rotta, una prodezza di trasporto aereo a suo tempo. Oggigiorno, per fare lo stesso percorso ci vogliono appena 9 ore di aereo commerciale.
Ma questi dati erano irrilevanti, e senza alcuna spiegazione scientifica, un male necessario per i mercanti e gli avventurieri, simili alle vertigini sofferte da coloro che per i loro spostamenti usavano la nave; quindi si dovette aspettare fino agli anni Sessanta, quando i padri della cronobiologia iniziarono a

escogitare un modo per mostrare questo orologio interno, chiamato anche orologio biologico, e fu fatto preparando una cabina in condizioni di rumore controllato, temperatura e umidità, dove non vi era luce.
I dati sono stati sorprendenti, è stato osservato come, pur rimanendo per lunghi periodi senza luce, hanno mantenuto il loro normale ritmo di attività di temperatura, ingestione o sonno, un po' più di 24 ore.
Risultati che sono difficili da osservare in una civiltà avanzata che utilizza l'elettricità e che segue un ritmo più o meno regolare di 8 ore di sonno, e dove in ogni parte, più o meno, si guarda l'orologio per vedere se si arriva in tempo a lavoro o se è l'ora di chiusura del supermercato.
Sono stati ottenuti risultati simili da diversi speleologi, che sono rimasti diversi mesi sottoterra, isolati dai cambiamenti esterni di luce e temperatura; anche nel caso degli astronauti.

Il personaggio ...
Lo speleologo e geologo francese Michel Siffre ha trascorso 2 mesi in una grotta a Clamouse, nel dipartimento di Hérault, nella regione della Linguadoca-Rossiglione (Francia).

La scoperta dell'orologio interno ha permesso lo sviluppo di un campo di ricerca che studia come i cicli esterni, e ora interni, influenzano tutti gli ordini della vita quotidiana, sia nelle relazioni sociali, nel rendimento lavorativo o nell'istruzione che nella salute.

Successivamente, esamineremo alcuni dei più importanti e sorprendenti ritmi biologici nell'essere umano, come il ciclo cardiaco, il ciclo mestruale o il ciclo del sonno.

Allo stesso modo, saranno esposte le conseguenze sulla salute della rottura dell'ordine temporale interno, chiamato crono-squilibrio, che secondo gli studi epidemiologici sarà responsabile di disturbi affettivi, di malattie cardiovascolari, d'invecchiamento precoce e persino di alcuni tipi di cancro.

CAPITOLO 5. LE MIGRAZIONI

Se parliamo di cambiamenti di località, non possiamo non commentare uno dei fenomeni più sorprendenti all'interno delle specie animali, la migrazione.

È ancora più sorprendente quando questo fenomeno si ripete anno dopo anno, diventando ciclico o stagionale, in cui centinaia o migliaia di individui della stessa specie si incontrano e iniziano un lungo viaggio, usando gli stessi percorsi che hanno già usato i loro genitori e i genitori di questi in precedenza; perché dopo un po' inizia la via del ritorno, di nuovo al tuo luogo di partenza.

Ci sono diversi motivi che possono portare a una migrazione di questa portata, siano essi a fini riproduttivi, causati dalla mancanza di cibo, dalla comparsa di altri predatori che mettono in pericolo la sopravvivenza della specie, o per evitare temperature stagionali estreme.

Tra gli animali migratori più sorprendenti per distanza percorsa, possiamo evidenziare le farfalle monarca (Danaus plexipus) che quando inizia il freddo attraversano gli Stati Uniti dal Canada al Messico e ritornano in primavera, attraversando un totale di quasi cinquemila chilometri; quasi la metà dei chilometri che fa la balena grigia (Eschrichtius robustus) quando va dall'Artico al Pacifico messicano, coprendo quasi dodicimila chilometri; sebbene l'animale che percorre

più distanze nella sua migrazione sia quello della sterna artica (Sterna paradisaea) in grado di attraversare il globo da un polo all'altro, percorrendo distanze che superano i settantamila chilometri l'anno.
Un comportamento simile a quello osservato dai primi coloni che erano fondamentalmente nomadi, che si spostavano dal luogo dopo la caccia migratoria, alla ricerca di acqua o di temperature più miti, per ritornare quando le condizioni stagionali lo permettevano.
La maggior parte dell'umanità ha lasciato questo tipo di vita, più di 10.000 anni fa, grazie allo sviluppo dell'agricoltura e dell'addomesticamento degli animali; nonostante questo, ci sono ancora persone sparse in tutto il mondo, che continuano a muoversi in cerca di cibo e di migliori condizioni meteorologiche, tra queste persone possiamo menzionare gli eschimesi (Groenlandia), i mongoli (tra l'Asia orientale e centrale), i Tuareg (Sahara) o i Chichimecas (America centrale).
Ma con lo sviluppo della cultura sono emersi nuovi motivi per gli spostamenti di massa, chiamati migrazioni sociali, in cui cambiano la loro posizione per visitare un'enclave considerata specialmente per celebrare qualche tipo di cerimonia o di rito.
Sono un esempio di queste usanze la visita una volta nella vita a la Mecca, da parte dei musulmani praticanti, o la montagna sacra, da parte degli indù. Ciascuno degli innumerevoli viaggi e pellegrinaggi che avvengono in tutto il mondo, può riunire centinaia o migliaia di persone in una data specifica.

Lo sapevi che...?
La più grande migrazione umana si verifica ogni anno per celebrare l'entrata del Capodanno Cinese, noto anche come il Nuovo Anno Lunare. Più di cinquecento milioni di persone si spostano da tutto il mondo per celebrare questa importante data con le loro famiglie.

Un caso speciale di migrazione è quando non è ciclico, e quindi gli sfollati non tornano alle loro case, ma occupano nuovi posti, una situazione che negli ultimi anni è aumentata a causa dei conflitti armati, che costringono migliaia di persone, anche milioni di persone ad abbandonare ciò che hanno, lasciandosi tutto alle spalle, e andando via, praticamente, con ciò che hanno.
Un girovagare che può portarli ad attraversare i confini dei loro paesi verso una destinazione sconosciuta, altre volte li porta nei campi profughi creati a tale scopo per partecipare a una crisi umanitaria. A volte, questi sfollati hanno la fortuna di arrivare in un paese ospitante, dove devono ripartire da zero e affrontare nuove sfide come una lingua diversa, una cultura con la quale potrebbero non essere familiari, e così via.
Una delle preoccupazioni delle autorità dei paesi ospitanti, è la salute mentale nella migrazione, poiché è stato osservato che ci sono più casi di persone colpite.
Non sfugge a nessuno che la migrazione, specialmente quando è per necessità, è una decisione dura e difficile, soprattutto quando si lascia la famiglia.
Quando si arriva in un paese nuovo, con costumi e

lingue sconosciute, ci si sente "dislocati", non si sa cosa e come fare.
Anche quando la lingua e alcune usanze sono condivise, cambiare residenza, cercare una casa, lavorare e iniziare "da zero", presuppone una situazione di stress, che, se mantenuta, può innescare l'insorgere di una malattia mentale.
La nostalgia per la propria terra e l'affetto dei propri parenti abbandonati, può generare facilmente sentimenti di disperazione, che porta a stati d'animo depressi e da lì alla depressione.
Un'esperienza che a volte va dall'essere individuale a diventare la sensazione di un "piccolo gruppo" definito dalle sue origini, cultura o lingua.
Le minoranze tendono ad esibire un comportamento di "autodifesa" della loro identità e cultura, chiudendosi in se stesse, in molti casi non permettendo a nessun membro esterno dalla loro comunità di condividere le loro pratiche e le loro tradizioni, il che può portare ad un aumento della sensazione di mancanza di integrazione dei propri membri.

A volte, la cultura di "maggioranza" prevale sulle altre, costringendo le minoranze a concentrarsi in "ghetti" o quartieri all'interno delle città, dove esprimono liberamente il loro modo di essere, di pensare e di comportarsi, lontano da opinioni e commenti di altri con cui non condividono la loro ideologia, religione o lingua, come se fossero dentro una "bolla".
Uno studio condotto dal Dipartimento di Sviluppo e

Psicologia Clinica dell'Università di Tilburg (Paesi Bassi) i cui risultati sono stati pubblicati sulla rivista scientifica Europe's Journal of Psychology, analizza il problema della salute mentale degli immigrati, prestando particolare attenzione alla storia familiare, per determinare il rischio di salute mentale nella migrazione.

Sulla linea degli studi precedenti, in cui hanno trovato un rapporto di quasi 3 a 1, tra immigrati e "nativi" del luogo, si è visto che un immigrato aveva tre volte più probabilità di soffrire di disturbi come la schizofrenia.

Lo studio ha analizzato sessantadue immigrati rispetto a non immigrati, valutati attraverso test di salute mentale standardizzato, nonché una storia familiare di disturbi.

I risultati mostrano che gli immigrati hanno più disordini psicotici, indipendentemente dal fatto che abbiano o meno una storia familiare, sebbene, quando si verificano, la percentuale di persone colpite sia più alta, un gruppo mostra anche un maggior numero di situazioni di rischio per la salute, come l'uso di sostanze tossiche, rilevando anche la forte presenza di sentimenti di ansia e depressione, percependo la loro situazione come senza speranza.

Lo studio conclude che gli immigrati che hanno già nella loro famiglia una storia di problemi psicotici, sono più sensibili a soffrire a causa dell'esposizione cronica ad un'avversità sociale, che in circostanze "normali" non si verificherebbe, o farlo sarebbe in misura minore.

Viene quindi corroborata la relazione tra fattori ambientali e genetica nella comparsa di disturbi come la schizofrenia, dove nonostante l'importanza dell'ereditarietà è necessario che ci siano abbastanza elementi "esterni", come in questo caso, l'immigrazione e tutto ciò che comporta, per mettere a rischio la salute mentale degli immigrati.

Continuando con questo problema di salute tra la popolazione immigrata si commenta che, dai servizi sociali del paese dell'accoglienza, si fanno importanti sforzi per fornire assistenza ai nuovi arrivati, si cerca di comprendere che nel tempo saranno integrati come se fosse un altro paese, ma c'è una percentuale più alta di problemi di salute mentale tra gli adolescenti immigrati?

Questo è esattamente ciò che abbiamo cercato di risolvere in un'indagine da parte del Dipartimento dei Servizi di Salute Mentale, Ministero della Salute e del Dipartimento Centro Interdisciplinare (Israele), i cui risultati sono stati pubblicati nel Journal of Child & Adolescent Behavior.

I dati sono stati estratti da un macro studio per determinare i livelli di salute mentale dei giovani che sarebbero andati in Israele negli anni dal 2004 al 2005, denominati I.S.M.E.H.A. (Israel Survey of Mental Health among Adolescents). Lo studio ha coinvolto centotrentuno adolescenti immigrati, rispetto a ottocentoventisei giovani con caratteristiche simili nate nel paese, di età compresa tra i 14 ei 17 anni.

Si voleva conoscere anche la percezione del servizio ricevuto e l'assistenza disponibile da adulti, a tal fine è chiesto alle madri di questi giovani, attraverso questionari standardizzati, la valutazione degli aspetti emotivi e comportamentali di disturbo che potevano presentare i giovani tramite l'S.D.Q. (Strengths and Difficulties Questionnaire); al fine di valutare la presenza di problemi psicologici nei giovani, è stato impiegato la D.A.W.B.A. (Development and Well-Being Assessment); e infine, alle madri è stato chiesto il numero di volte e la specialità delle consultazioni per le questioni relative al loro figlio adolescente negli ultimi 12 mesi.

Allo stesso modo, sono stati raccolti dati sociodemografici, tra cui il genere dell'adolescente, lo status della madre e gli anni scolastici del bambino.

I risultati mostrano che non ci sono differenze riguardo la sofferenza dei disturbi psicologici o lo sviluppo negli adolescenti di altri paesi e in quelli nati in quel paese, né quando lo richiedono, l'uso delle risorse sanitarie.

Qualcosa che, secondo gli autori dello studio, è eccezionale rispetto ai precedenti risultati di altri paesi. Spiegato dalla natura stessa di Israele, un paese costruito ed edificato sugli emigranti, quindi non c'è uno stigma che si verifica in altri paesi, non così abituato all'accoglienza della popolazione straniera.

Dobbiamo evidenziare anche il lavoro dei servizi sociali e dei programmi di integrazione come i responsabili di queste somiglianze nei risultati.

Si deve sottolineare che sono state riscontrate differenze significative nella percezione delle madri dei giovani immigrati, mostrando maggiore preoccupazione per le difficoltà e per la socializzazione dei bambini.

Allo stesso modo, le madri che vivevano da sole, o perché erano single o perché erano divorziate, hanno mostrato un comportamento meno produttivo quando prendevano i loro bambini dai servizi sanitari quando era necessario, qualcosa che si evidenzia come un fattore di rischio per queste popolazioni di immigrati.

Va tenuto presente che lo studio comprende solo un mese di periodo di analisi, in cui, in quel periodo, influenzano diverse componenti economiche e sociodemografiche. Quindi si dovrebbe notare se altre volte, si producono gli stessi risultati.

Un altro limite dello studio è che serve solo una fascia di età molto piccola di partecipanti, con età, che va dai 14 ai 17 anni di età, quindi sarebbe necessario osservare se quegli effetti trovati sono mantenuti in età più o meno elevate.

Un altro limite è che viene effettuato su una popolazione molto specifica, con caratteristiche che è difficile estrapolare da altre popolazioni, quindi servono nuove ricerche per verificare se gli effetti dell'immigrazione sono mantenuti o differiscono in altre popolazioni.

Entrambi gli studi evidenziano una realtà, quella dell'immigrazione, sia essa ciclica o meno, che deve essere curata dalle autorità, per garantire un'adeguata convivenza, prevenendo i problemi di salute associati a situazioni di ansia e depressione di cui soffrono queste popolazioni.

CAPITOLO 6. IL CICLO MESTRUALE

Uno dei periodi dell'essere umano dove si producono più cambi ormonali, fisiologici e anche cambiamenti anatomici sia durante la pubertà, che coincide con l'inizio della fase riproduttiva, che viene mantenuta per tutta l'età adulta, prima che si verifichi la menopausa o con l'andropausa, a seconda che si tratti della donna o dell'uomo.

Tutta una novità rispetto al resto dei cicli biologici che verranno commentati e che ci accompagneranno in tutta la vita.

La prima adolescenza nelle donne inizia con il menarca (primo episodio di sanguinamento vaginale di origine mestruale) uno dei cicli più sorprendenti e suggestivi, che si verifica circa ogni ventotto giorni, il ciclo mestruale o ciclo sessuale femminile.

In questo ciclo, volto a consentire la gravidanza, ci sono quattro fasi chiaramente diverse, le mestruazioni o il sanguinamento mestruale; la pre-ovulazione o la fase follicolare; l'ovulazione e la post-ovulazione o fase luteale.

Un ciclo con una durata approssimativa di ventotto giorni; un numero che ti sarà familiare, forse ne ricordi un altro simile, il mese lunare o la lunazione. Questa relazione, tra cicli mestruali e cicli lunari, nel corso della storia è stata raccolta tra le credenze e le tradizioni di diverse culture.

Questo ciclo di ovulazione può variare, estendersi o accorciarsi, a seconda della presenza di agenti interni o esterni. Tra i primi ci sono alcune malattie, stress o problemi emotivi che possono produrre squilibri ormonali.

Tra gli agenti esterni come la luminosità o la temperatura, forse il più sorprendente è il cosiddetto effetto McCLintock in onore del suo scopritore, noto anche come la Regolazione Sociale dell'Ovulazione o Sincronia Mestruale.

Lo sapevi che...?

L'effetto McCLintock è un fenomeno in cui i cicli mestruali di due o più donne si sincronizzano quando condividono lo stesso spazio per un lungo periodo (3 mesi o più), a casa o sul posto di lavoro, per i quali non deve essere per forza familiare.

La sua scopritrice, Martha McClintock, ha sottolineato che si trattava di una diretta conseguenza dell'influenza dei feromoni, che sono sostanze odorose che un organismo emana il quale modifica il comportamento degli altri. Fino a quel momento, era stato osservato solo nelle piante e negli animali, in relazione ai comportamenti di attrazione di potenziali partner o la repulsione di nemici o concorrenti, ma la loro influenza sugli esseri umani era sconosciuta.

Il ciclo dell'ovulazione oltre a produrre effetti fisiologici nel corpo a causa del cambiamento degli ormoni, porta vari effetti sulle prestazioni psicologiche e accademiche, anche secondo uno studio condotto dalla Facoltà di Carlson School, Università del Minnesota, in collaborazione con il Dipartimento di Psicologia, Università Cristiana del Texas; il Dipartimento di Psicologia, Università del Texas ad Austin (USA) e l'Università di Management di Singapore (Singapore), è stato osservato nel comportamento dei consumatori, come le donne durante l'ovulazione tendono ad acquistare quei vestiti e prodotti che le fanno apparire più "sexy", condividendo le proprie emozioni con gli altri, poiché si sentono internamente più attraenti, secondo i risultati pubblicati sulla rivista scientifica Journal of Consumer Research.

Ma ha anche conseguenze sulla sensibilità delle donne riguardo i comportamenti riproduttivi, come dimostrato da uno studio della Facoltà di Cinetica Umana, Università di Ottawa (Canada), i cui risultati sono stati pubblicati sulla rivista scientifica Scientific American, dove sono stati studiati per due anni i periodi di ovulazione e la capacità olfattiva di diciassette donne che assumono anticoncezionali contro altre sedici donne che seguono il loro ciclo naturale.

Le conclusioni dello studio riportano la maggiore sensibilità delle donne che seguono il loro ciclo naturale rispetto a coloro che hanno assunto i contraccettivi, e nel primo erano più sensibili nei giorni dopo l'ovulazione e durante la fase luteale.

Gli autori riportano che, nonostante precedenti studi contradditori su questo aspetto, la maggiore sensibilità può avere un ruolo importante nella ricerca di partner riproduttivi, determinati dai feromoni.

Ma se c'è un problema maggiore nelle donne, è quando, per una ragione o per un'altra, perdono la capacità di avere figli, cioè sono sterili. La sterilità femminile è definita come l'incapacità di concepire da parte delle donne, tra le cause che vi sono l'origine genetica e la causa biologica, ma c'è un numero crescente di casi che non possono essere spiegati.
Dall'approccio psicosomatico, grande importanza è data ai primi anni di vita, nella formazione di patologie future, che indica che il corpo impara a manifestarsi in un certo modo stabilito nelle prime fasi della vita, e che in futuro, da adulto, il corpo utilizzerà lo stesso mezzo, facendo formando così malattie psicosomatiche.
Le aggressioni fisiche o psicologiche, gli abusi o gli stupri, sono situazioni che segnano la persona nel suo sviluppo, sia dal punto di vista della loro personalità, che nel suo mondo emozionale e quando si stabiliscono relazioni interpersonali.
Ciò non significa che la persona che ha subito una di quelle situazioni di violenza, sarà "marcato" per la vita e non può vivere una vita "normale", anche se c'è una predisposizione non è determinante, dal momento che l'individuo ha la capacità di recuperare nel tempo, anche se a volte ci sono ferite che non guariscono e rimangono nella "dimenticanza".
Uno di questi fatti è il tentato stupro o la consumazione in tenera età, qualcosa per cui il minore non è ancora fisicamente o psicologicamente preparato e che avrà

conseguenze importanti in futuro, compresa la sterilità.
L'analisi dall'approccio psicosomatico, di alcuni casi di donne che erano fisicamente sane, ma non sono riuscite a rimanere incinte, è dimostrato che sarebbe una condizione psicosomatica dove il mondo emozionale "interferisce" nel normale svolgimento del corpo.
Attualmente si riconosce che gli eventi traumatici durante i primi anni di vita possono "distorcere" uno sviluppo corretto, quindi richiede un intervento specializzato per superare queste situazioni e le conseguenze future sono minori.
Tra le cause di infertilità, quando sono stati esclusi i problemi medici e fisiologici, ci sono quelli di natura psicosomatica come:
- Anoressia nervosa, dove la malnutrizione dell'organismo porta all'immaturità sessuale, oltre alle alterazioni ormonali con perdita delle mestruazioni (amenorrea).
- Disfunzioni sessuali come la disfunzione erettile o il vaginismo, che impedisce il compimento della relazione sessuale.
In aggiunta a quanto sopra, si stima che ci siano un certo numero di caratteristiche della persona che possono influenzare negativamente la fertilità, come ad esempio, la bassa autostima, la mancanza di un'identità sessuale definita o le prestazioni sociali e sessuali inadeguate.
Ultimo ma non meno importante, lo stress gioca un ruolo di primo piano nella sterilità, anche se non è chiaro se è

la causa che lo origina o una conseguenza della frustrazione causata da ripetuti tentativi da parte della coppia senza successo.

Uno studio condotto dal Dipartimento di Anatomia e Biologia Umana, University of Western Australia (Australia), i cui risultati sono stati pubblicati sulla rivista scientifica Human Reproduction, mostra i meccanismi fisiologici con cui l'ansia può portare alla sterilità, dal momento che lo stress colpisce l'ipotalamo, a sua volta colpisce le ghiandole endocrine responsabili della regolazione dell'ovulazione, causando alterazioni e persino amenorrea; influenzando anche il trasporto degli ovuli attraverso le tube di Falloppio e alterando il flusso del sangue uterino.

Questo studio spiega le prove cliniche sulle conseguenze di alti livelli di ansia nel ciclo mestruale delle donne.

Un ciclo che, come si vede, è più sensibile di quanto si possa pensare, adattandosi alle circostanze in cui si vive e venendo alterato dalle preoccupazioni e dalle situazioni di stress che le donne sperimentano.

CAPITOLO 7. LA FREQUENZA CARDIACA

Questi cicli possono variare a seconda delle condizioni ambientali o interne dell'organismo. Un esempio di questa influenza si trova nel ciclo cardiaco misurato dalla frequenza cardiaca, inteso come il numero di contrazioni del cuore o dell'impulso per unità di tempo, misurate in b.p.m. (battiti al minuto).

Il cuore è un organo muscolare responsabile della distribuzione del sangue da parte del corpo e quindi porta cibo e ossigeno fino all'ultima curva, per la quale ha quattro camere o cavità, chiamate atri e ventricoli.

È un "motore" in due fasi, sistole (contrazione) e diastole (rilassamento). Questo movimento combinato con la sua struttura di quattro cavità, due atri e due ventricoli, rende possibile raccogliere il sangue "impoverito" e inviarlo ai polmoni per "ossigenarsi"; e diffondere il sangue "arricchito" in tutto il corpo.

È precisamente in quella contrazione in cui viene prodotto l'impulso e che viene utilizzato per calcolare la frequenza cardiaca.

Se si registra l'attività del cuore, si può vedere come batte ad una velocità costante intorno a 50 a 100 b.p.m; quantità che è più alta nel caso dei neonati, tra cento e 160 b.p.m; o inferiore nel caso di atleti allenati, tra 40 e 60 b.p.m.

Questo sarebbe il livello basale o normale a riposo, ma

se ci rilassiamo, andrà giù, diventando più lento. Se scende sotto il 50 b.p.m. si verifica bradicardia, se viene mantenuta nel tempo, richiederà l'impianto di un pacemaker.
Tuttavia, se eseguiamo un qualsiasi esercizio fisico come la corsa, la frequenza cardiaca aumenterà, con il tempo tra i battiti più brevi; se sale oltre 100 b.p.m. si verifica una tachicardia. Effetti simili possono essere ottenuti con l'assunzione di sostanze eccitanti (che aumentano la frequenza cardiaca) come la caffeina o i depressori (che lo riducono) come i barbiturici.

Il personaggio ...
La spagnolo Miguel Indurain, il quinto campione del Tour de France e due volte campione del Giro d'Italia, considerato uno dei migliori ciclisti della storia, ha una frequenza cardiaca a riposo di una ventina di battiti al minuto, uno dei più bassi registrati nelle persone sane.

La frequenza cardiaca è strettamente correlata alla salute del cuore, perché se è malata, si rifletterà alterando il normale ciclo cardiaco.
La malattia vascolare o cardiovascolare è un problema che colpisce il sistema circolatorio e in particolare il cuore, che porterà a un deterioramento della salute generale del corpo, a causa del suo importante ruolo nutrizionale.
Tra queste malattie legate al sistema cardiovascolare più frequente possiamo trovare:
- Malattie cerebrovascolari, vasi sanguigni che irrorano il

cervello.

- Arterie periferiche, malattie dei vasi sanguigni che irrorano gli arti superiori e inferiori.

- La trombosi venosa profonda e l'embolia polmonare, sono coaguli di sangue che possono ostruire la circolazione.

- Le malattie cardiache, si riferiscono a una malattia del cuore o del sistema cardiovascolare:

- Se si tratta di una malattia dei vasi sanguigni del miocardio è chiamata malattia coronarica.

- Se c'è una malformazione del cuore di origine genetica, cardiopatia congenita.

- Se è un prodotto di febbre reumatica, cardiopatia reumatica.

L'ostruzione di una di queste vene, sia per deterioramento del condotto che per ostruzione per l'accumulo di grasso o di un coagulo di sangue (trombo), sarà la causa di attacchi di cuore quando si verifica nel cuore, e di incidenti cardiaco-vascolari noti anche come infarto cerebrale o ictus, quando si verifica nel cervello.

Tra i principali fattori di rischio che favoriranno l'insorgenza di malattie cardiache e ictus vi sono:

- Cibo inadeguato, che include sale, poca frutta e verdura.

- Mancanza di moderata attività fisica praticata regolarmente.

- Consumo abituale di tabacco o alcol.

Sono fattori di rischio anche, il diabete, l'ipertensione o l'iperlipidemia (eccesso di grasso nel sangue).

La sintomatologia dell'attacco cardiaco è un dolore o fastidio al petto o alle braccia, alla spalla sinistra, alla mascella o alla schiena; oltre a difficoltà di respirazione, nausea o vomito, sudorazione fredda, svenimento e pallore.

La sintomatologia dell'ictus è, l'intorpidimento e la perdita di forza della parte centrale del corpo, che va dal viso, braccia e gambe, confusione e difficoltà a parlare e capire ciò che viene detto, debolezza o perdita di coscienza, perdita dell'equilibrio e problemi di vista.

Il trattamento di un attacco di cuore dipende dai suoi sintomi e cause:

- Farmacologicamente, la nitroglicerina per alleviare i sintomi e migliorare il flusso sanguigno; il trombolitico, che scioglie i coaguli di sangue, quando si è nella fase acuta; l'aspirina, beta-bloccanti o la statina per prevenire la formazione di coaguli.
- Se necessario, eseguire chirurgicamente un'angioplastica, utilizzando un "palloncino" per pulire le arterie intasate o impiantare uno stent, che è un'asta metallica utilizzata per mantenere aperte le arterie.
- Tra le abitudini di vita sane, è consigliabile aumentare l'assunzione di frutta e verdura, abbandonando il sale e il consumo di alcol o di tabacco, il tutto inquadrato in un programma di riabilitazione cardiaca, che include tecniche psicologiche come il rilassamento e il controllo dello stress.

Come vediamo, il ruolo psicologico nella malattia coronarica è duplice, sia per quanto riguarda i fattori di rischio, che il trattamento, sulla base delle abitudini di vita che si hanno, e può essere modificato rafforzando comportamenti appropriati e la riduzione inadeguata. Tutto questo unito all'apprendimento delle tecniche di rilassamento e al controllo dello stress che fornirà una migliore prognosi nel recupero, oltre a minori possibilità di recidiva di queste malattie coronariche.

Allo stesso modo, collegato alla frequenza cardiaca, va notato l'effetto del cuore sulla pressione sanguigna, definito come la forza con cui il sangue si scontra con le pareti delle arterie, dato dal pompaggio incessante del sangue dal cuore. L'ipertensione, come suggerisce il nome, riguarda livelli di pressione arteriosa elevati in modo anomalo.
L'importanza di questa misura è che, in futuro, una quantità troppo alta potrebbe indicare possibili problemi circolatori, a causa della maggiore pressione sul sistema e con essa, più possibilità di lesioni che appaiono in uno dei suoi condotti, che potrebbero causare incidenti cerebrovascolari, attacchi cardiaci, insufficienza cardiaca, malattie renali e persino morte prematura.
La pressione o la tensione sanguigna viene misurata mediante un tensiometro o un manometro, che indica due misure, quella corrispondente alla contrazione del cuore (sistole) e quella del rilassamento (diastole); che sono dei valori normali rispettivamente tra centoventi e ottanta; si considera pre-ipertensione quando salgono a centoquaranta o novanta, quando raggiungono

questa quantità o la superano si chiama ipertensione.

Esistono due tipi di ipertensione, quella primaria o essenziale e quella secondaria, la prima, che è più comune, è correlata al sovrappeso, al diabete, agli stati ansiosi e all'assunzione di sale, di alcol o di tabacco. Mentre la secondaria, è il prodotto di altri "disturbi" che colpiscono la salute, come le malattie renali, i disturbi del sistema endocrino, i problemi congeniti o iatrogeni.

Tieni presente che la pressione arteriosa aumenta con l'età, a causa della perdita di elasticità delle arterie nel tempo; anche la pressione non è stabile per tutto il giorno, ma varia da ora a ora e dipende dall'attività che stiamo eseguendo.

Il trattamento dei problemi legati alla pressione sanguigna si concentra su tre aspetti:

- Stili di vita sani, compresa la perdita di peso nelle persone che soffrono di obesità, l'esercizio fisico moderato, la dieta a base di frutta, l'alcol, il tabacco, il caffè, il sale e i cibi ricchi di grassi saturi e il colesterolo.
- Intervento farmacologico con diuretici, beta-bloccanti o bloccanti dei canali del calcio.
- Intervento psicologico, principalmente finalizzato a combattere situazioni di stress quotidiano e consolidamento di abitudini di vita sane.

Dal punto di vista psicosomatico, gli ipertesi sono più legati all'ostilità contenuta, con ansia, impegnati a combattere i loro sentimenti aggressivi che egli è in grado di esprimere, sentendosi sempre minacciati e disposti a difendersi, che vivono una situazione di cura cronica.

Inoltre, queste persone saranno caratterizzate da una bassa autostima, alta ambizione, costante paura di non raggiungere i loro obiettivi, una tendenza alla perfezione e di acquisire responsabilità. Nonostante la sua ostilità, spinto a cedere ai desideri degli altri, come un modo per raggiungere i propri desideri e raggiungere l'accettazione sociale, non è in grado di esprimere questa aggressività, mostrandosi comprensivo e affabile.
Per quanto riguarda il tipo di personalità più comune in questi pazienti, di solito si presenta sia nella personalità di tipo A che nella personalità di tipo D:
- La personalità di tipo A è legata ai problemi coronarici, associati all'aggressività e alla competitività.
- La personalità di tipo D è più correlata alla probabilità di soffrire di disturbi dell'umore, come depressione e ansia. Inoltre, queste persone sono iperattive, a causa di un'eccessiva auto-richiesta motivata da una bassa autostima, che mostra alti livelli di alessitimia.

I loro rischi di inibizione emotiva della personalità di tipo D, potrebbero assomigliare a quelle della personalità di tipo C, dove appare anche un costante autocontrollo, con la mancanza di assertività e con difficoltà nell'esprimere emozioni negative.

Ma in questo caso, nella personalità di tipo C c'è anche un'apparenza eccessiva di espressività di sentimenti positivi, per "compensare" quelli negativi, dimostrandosi amorevoli, solidali, gentili e privi di problemi.

Ma si dimostrato anche passivi, introversi, ossessivi, con difficoltà ad iniziare nuove relazioni sociali o assumono cambiamenti nella loro vita quotidiana, non-conformista

con le proprie realizzazioni, desiderando quella degli altri, compiacenti e insicuri e inclini alla depressione.
Come si vede, la differenza tra i due tipi di personalità, è una questione di sfumature, ma quelle caratteristiche distintive sono quelli che reagiscono in modo diverso per il corpo, e gli individui con personalità di tipo C hanno maggiori probabilità di soffrire di reumatismi, infezioni, allergie, infezioni cutanee e cancro.
Mentre le persone di tipo D avranno più probabilità di soffrire di disturbi dell'umore come la depressione e l'ansia, le ulcere peptiche e i disturbi vascolari come l'ipertensione, la cardiopatia ischemica o le aritmie, con un rischio più alto di soffrire di attacchi di cuore.

CAPITOLO 8. IL CICLO DEL SONNO

Uno dei cicli più importanti è quello che si verifica quando il corpo è a riposo, è il cosiddetto ciclo del sonno, in cui si susseguono due fasi consecutive ben differenziate, la fase di M.O.R. (Movimento Oculare Rapido) e Non-M.O.R., o come è noto con l'acronimo nella fase inglese R.E.M. e No-R.E.M.; la fine di una fase lascia il posto alla successiva, quindi all'intera notte fino al momento del risveglio.

Nel primo, conosciuto anche come sonno paradossale, vi è un'intensa attività neuronale, come se fossimo svegli, dove i sogni sono percepiti in modo molto vivido ed emotivamente carico; se una persona viene svegliata in questa fase, sarà in grado di mettere in relazione ciò che stava sognando in grande dettaglio.

Durante la fase No-M.O.R. o di sonno lento, l'attività neuronale è piuttosto bassa e il contenuto del sonno è più associato alle preoccupazioni quotidiane.

Non è ancora chiaro in che modo essi contribuiscano, ma svolgono un ruolo importante nella creazione di nuove connessioni neuronali, consentendo in tal modo l'apprendimento. La privazione del sonno avrà effetti negativi sia cognitivamente che fisiologicamente.

Il programma di sonno e veglia è un altro elemento che governa il sole, alterato dall'uso intensivo e intenso della luce elettrica, che a volte non ci permette di dormire

fino alla fine del programma televisivo serale, o di farlo con la televisione accesa, senza sapere a che ora ci addormentiamo.
Oppure alzarci presto prima che sorga il sole, e approfittarne per andare a lavoro prima che lo facciano tutti gli altri, ed evitare così il traffico.
Sono alterazioni del ciclo naturale, ma quando pensiamo al Sole, e nelle ore di luce, bisogna tener conto che questo non cambia solo dall'estate all'inverno, come già detto, ma anche secondo il luogo in cui ci troviamo, e mentre ci avviciniamo ai poli, man mano la regione di luce è più alta al nord rispetto al sud, in inverno, e al contrario, essendo giornate di 19 ore di luce in estate e in poco meno di 3 a 5 ore di buio.
In inverno succede il contrario, dove a malapena ci sono 5 ore di luce, rimanendo il resto del tempo al buio. Una strana sensazione a cui ci si abitua dopo qualche giorno.
Quindi, il momento migliore, è dato dal luogo in cui si viaggia, adattandosi il più possibile al ciclo naturale, in modo che si possa godere dei benefici dei primi raggi del giorno, che sono diventati anche parte delle religioni egiziane, adoratori di Ra o Amon-Ra, divinità che rappresenta il Sole, in attesa dell'alba dia inizio alla giornata e ci si immerga nei suoi raggi, concedendo energia per lavorare quel dato giorno.
E lo stesso si dovrebbe fare per dormire, cioè quando il sole tramonta, ci si sdraia, così naturalmente ci si regola con 8 ore di sonno, che si richiedono di solito per riposare e, per esempio, sfruttare anche il corpo per far

sì che si rimetta da infezioni, e memorizzare le tracce di memoria sulle esperienze e su ciò che si è appreso durante il giorno.

Tutto questo senza dimenticare che ci sono giorni più brevi e più lunghi durante l'anno, ma che ci sono in media 8 ore di buio che si sono recuperati.

Questo ciclo che sembra così stabile, varia leggermente con il tempo, e una volta stabilizzato, dura tutta la vita.

Nei primi giorni di vita, e ancora all'interno del processo di maturazione interna, il bambino dorme tra le 16 e le 20 ore al giorno. Le interruzioni del sonno sono sempre più spaziate con il passare dei mesi.

La durata diminuirà gradualmente, fino ad avvicinarsi a 8 ore, che si stabilizzano finché non si verifica l'arrivo di invecchiamento, che porta a un leggero accorciamento, riducendosi di un'ora e mezza, e che anche se aumenta il tempo totale trascorso a letto.

Il crono-disturbo è un termine tecnico usato per descrivere tutti i cambiamenti causati dai cicli naturali dell'individuo, come già indicato con il jet-lag o con la privazione del sonno, che provoca alterazioni sia a breve che a lungo termine, è responsabile di una maggiore incidenza della sindrome metabolica, delle malattie cardiovascolari, dei disturbi cognitivi, dei disturbi affettivi, dei disturbi del sonno, di alcuni tipi di cancro e persino dell'invecchiamento precoce.

Un esempio di crono-disturbo è l'insonnia, o la mancanza di sonno, cioè il non dormire abbastanza ore di cui il corpo ha bisogno, a lungo termine andrà a discapito della salute della persona.

Sono stati condotti degli esperimenti sulla privazione del sonno, ed è stato osservato che non permettere ad un individuo di dormire gli impedisce di fare nuovi apprendimenti, poiché la traccia della memoria non è registrata, allo stesso modo il sistema immunitario, che non difende dalle infezioni e dagli attacchi dall'esterno, diminuisce notevolmente le sue prestazioni.
Esiste un'ipersensibilità alla luce e agli stimoli dall'esterno, essendo altamente irritabile prima di qualsiasi evento esterno. E questo solo con 36 ore. Inoltre, non è stato considerato etico continuare con gli studi, per i danni che si potrebbero recare al paziente, considerati danni irreversibili.
Da qui l'importanza di dormire e farlo in un ambiente, ventilato e senza rumore, perché l'organismo, nonostante sia addormentato, mantiene un meccanismo di "salvaguardia", con il quale, se viene prodotto un rumore forte, ci svegliamo, come misura di sicurezza, così possiamo correre o difenderci, un meccanismo molto utile, per gli antenati delle caverne, di fronte alla minaccia di un avvoltoio, che gli ha dato qualche secondo per reagire.
Quindi anche ora, se c'è un forte rumore, ci si sveglia, interrompendo il ciclo del sonno, rendendo più difficile poi tornare a dormire.

Successivamente, trascrivo l'intervista fatta a D^{a}. Vilma Aho, Bioscienziata, ricercatrice del Gruppo del Sogno si Helsinki, Instituto di Biomedicina, Università di Helsinki (Finlandia).

- Perché è così importante dormire?

Il sonno è un processo fisiologico complesso che è essenziale per tutte le specie animali studiate.

Nei mammiferi e negli uccelli (e in alcuni rettili), le fasi del sonno vengono rilevate da un E.E.G. (Elettroencefalogramma). È stato osservato il sonno - o gli stati di sonno – anche in altri animali, come i pesci zebra, i moscerini della frutta e le nematodi (C. elegans), usando criteri comportamentali.

Anche se gli esseri umani trascorrono circa un terzo della nostra vita a dormire, gli scienziati del sonno non sono ancora sicuri sul perché dobbiamo dormire.

Le principali teorie attuali ipotizzano che il sonno sia necessario per mantenere l'equilibrio di energia e/o facilitare le reti neurali per recuperare dall'attività dello stato di veglia e aiutare nei processi di apprendimento e memoria.

Durante le fasi del sonno, i cambiamenti nell'attività cerebrale sono sincronizzati con i cambiamenti del sistema nervoso autonomo e del tono muscolare. Il sonno è essenziale per i processi cognitivi come la memoria e l'apprendimento ed è anche strettamente connesso ai sistemi periferici, come il sistema immunitario e il metabolismo.

La sincronizzazione del sonno e della veglia è controllata da due processi: il ritmo circadiano e la pressione omeostatica del sonno. Il ritmo circadiano (circa => intorno, diano => un giorno) oscilla durante il giorno e la notte, il tempo dell'attività degli animali diurni è il momento della giornata e quello delle specie notturne è la notte.

La luce trascina l'orologio maestro nel N.S.C. (Nucleo soprachiasmatico) del cervello. Il N.S.C. interviene nella regolazione dei segnali neuro-ormonali e nella sincronizzazione di altri ritmi dell'organismo, ad esempio il sonno, la nutrizione e il metabolismo.

L'omeostasi (homeo => simile, stasi => stato), per definizione, cerca di mantenere il sistema stabile e relativamente costante. Il processo omeostatico del sonno misura la necessità di dormire, aumentando durante la veglia e diminuendo verso la linea di base durante il sonno.

- Di quanto sonno abbiamo veramente bisogno?

La necessità di dormire in realtà non è una misura facile da determinare. Negli studi sperimentali, l'E.E.G. dei soggetti può essere registrato nel laboratorio del sonno e la loro durata del sonno può essere misurata obiettivamente. Tuttavia, non c'è modo di quantificare oggettivamente il reale bisogno di dormire. Nonostante ciò, il bisogno soggettivo del sonno può essere affrontato attraverso delle domande, per esempio, di quanto sonno di solito hai bisogno per sentirti rinnovato e per un buon funzionamento durante il giorno?, che sono usate negli studi epidemiologici. La durata del sonno di un individuo è determinata sia da fattori genetici che ambientali.

Finora, negli studi sulla popolazione umana sono stati identificati alcuni geni associati alla durata del sonno.

Tuttavia, ciascuno di questi geni può spiegare una piccola parte della variabilità tra individui.

Nella mosca della frutta (Drosophila melanogaster), gli scienziati hanno identificato, ad esempio, un gene chiamato Sleepless. Le mosche con una mutazione in questo gene hanno bisogno solo di un quinto del sonno rispetto al tempo nel resto delle mosche.

Tuttavia, questi mutanti non sembrano dedicare molto tempo a fare le cose, dal momento che hanno anche una durata di vita considerevolmente più breve rispetto alle mosche normali (circa la metà delle volte).

La durata del sonno umano è stata valutata in diverse popolazioni. In media, la maggior parte delle persone tende a dormire da 7 a 8 ore durante la notte. Anche se, negli ultimi decenni, la durata media del sonno è diminuita.

Sembra che ci siano anche quelli che dormono naturalmente poco e sopravvivono bene per tutta la vita con poche ore di sonno a notte. Allo stesso modo, alcune persone dicono che hanno bisogno più, da 9 a 10 ore ogni notte per sentirsi bene riposati.

Il sogno cambia con l'età. In questo modo, di solito si dorme tra le 14 ore a notte all'età di un anno e tra le 9 e le 10 ore a12 anni.

Negli adulti, l'invecchiamento riduce la durata e la qualità del sonno e le persone anziane tendono ad avere un sonno più frammentato (con interruzioni).

Ci sono anche differenze di genere, le donne dormono in media venti minuti in più rispetto agli uomini a notte.

La perdita del sonno potrebbe essere definita come il

tempo in cui un individuo dorme in una certa notte sottratto dal suo bisogno di sonno naturale. La perdita del sonno può essere causata, ad esempio, dall'insonnia, dal lavoro a turni, dalle attività del tempo libero, dalle malattie somatiche che colpiscono il sonno, ecc.

La perdita di sonno può accumularsi se una persona dorme ripetutamente meno del necessario.

Gli effetti della mancanza di sonno su vari aspetti della fisiologia e della patologia possono essere studiati utilizzando la restrizione del sonno sperimentale (privazione del sonno parziale o totale in condizioni di laboratorio controllate), confrontando prima e dopo (e/o soggetti privati del sonno rispetto a soggetti di controllo che dormono normalmente); con gli studi epidemiologici (trasversali o longitudinali); con le informazioni provenienti da questionari soggettivi sui parametri del sonno, come la qualità, la necessità, la durata e la perdita di sonno.

- Quanto si può stare senza dormire?

Il tempo di veglia prolungato massimo per un essere umano sano sembra essere compreso tra una e tre settimane, ma non si conosce il massimo effettivo, dal momento che questi studi non sono accettati eticamente.

Tuttavia, ci sono alcuni esperimenti documentati dai decenni precedenti. In uno studio molto noto, uno studente di diciassette anni della scuola superiore di San Diego è rimasto sveglio per undici giorni nel 1963.

Secondo i rapporti, non aveva assunto nessuno stimolante e le sue condizioni sono state supervisionate da uno scienziato del sonno assistito dai suoi compagni di classe.

Tuttavia, poiché non è stata registrata la sua attività elettrica del cervello attraverso un E.E.G., la sua veglia non può essere confermata in modo affidabile. Questo è il caso del tempo più lungo senza sonno che ha il record di questo tipo.

Ci sono anche dei resoconti di persone che affermano di non aver dormito per periodi molto più lunghi, persino anni o decenni. Per quanto ne so, nessuno di loro è stato confermato scientificamente.

È possibile che questi individui soggettivamente sentano di non arrivare a dormire a tutti, ma in questo modo si possono verificare episodi di sonno, "micro-sonno" e/o sonno locale che si verifica (o sogni locali si verificano) in una parte del cervello alla volta, mentre il resto del cervello rimane nello stato di veglia.

Gli episodi di micro-sonno non vengono rilevati dalla solita analisi E.E.G. (che di solito viene analizzato in trenta secondi), ma possono essere trovati in un'analisi più approfondita della registrazione di E.E.G.

I sonni locali possono essere rilevati con l'E.E.G. di alta densità, cioè un registro di E.E.G. con centinaia di elettrodi posizionati attorno alla testa del soggetto.

Negli studi sperimentali condotti su animali, la privazione totale del sonno per lunghi periodi si è dimostrata letale.

Nell'uomo, ci sono alcune malattie rare, come l'insonnia familiare fatale, in cui i pazienti possono avere una grave privazione del sonno per mesi, che alla fine porta alla morte.

- Cosa succede se non dormiamo abbastanza?
La perdita del sonno colpisce il cervello diminuendo le prestazioni cognitive, come la memoria e l'apprendimento.
Inoltre, viene colpito il metabolismo nel cervello. L'adenosina è una molecola che aumenta in una certa area del cervello durante la veglia, quando le riserve energetiche del cervello diminuiscono.
L'adenosina, quando viene prodotta, aumenta lo stato di sonno legandosi ai recettori dell'adenosina. Per il consumo di caffè, possiamo ritardare l'effetto dell'adenosina, bloccando questi recettori con la caffeina. Tuttavia, la caffeina non distrugge l'adenosina formata, quindi non elimina la pressione del sonno creato.
La perdita del sonno colpisce non solo il cervello, ma anche i sistemi periferici, come il sistema immunitario e il metabolismo dei carboidrati. C'è ad esempio una connessione tra la regolazione dell'appetito e la regolazione del sonno.
È stato riportato che, come conseguenza della perdita di sonno, la quantità di grelina, "ormone della fame", può aumentare, e la quantità di leptina, "ormone della sazietà", può diminuire. Questo può causare l'eccesso di cibo e può portare all'obesità.

- Qual è la relazione tra il sonno e il sistema immunitario?

Il sonno e il sistema immunitario sono strettamente interconnessi. Questi sistemi sono in costante interazione bidirezionale, il sonno influenza il sistema immunitario e, viceversa, il sistema immunitario influenza il sonno.

Questo si può osservare, ad esempio, nella necessità di dormire di più quando prendiamo un'infezione, come il comune raffreddore.

Questo è mediato dalle citochine pro-infiammatorie, i messaggeri del sistema immunitario, che trasportano messaggi di avvertimento nel sangue e che promuovono anche il sonno nel cervello.

Queste citochine aumentano anche quando restiamo svegli per periodi prolungati. Inoltre, la perdita del sonno provoca cambiamenti nella regolazione del sistema immunitario a livello dei diversi globuli bianchi (leucociti) e dell'espressione genica in queste cellule e nelle popolazioni di espressione genica nei leucociti.

La perdita del sonno aumenta anche la P.C.R. proteina di fase acuta (proteina C-reattiva) e causa uno stato di basso grado di infiammazione. Questi effetti suggeriscono che la perdita del sonno agisce come un segnale di pericolo nel corpo.

Sebbene la perdita del sonno induca il sistema immunitario ad attivarsi, quando questa perdita si accumula, può portare a più infezioni a causa di una depressione delle difese. Anche le risposte ai vaccini sono risultate più deboli se il sonno è limitato.

- Qual è la relazione tra il sonno e la salute del cuore?

Studi epidemiologici hanno dimostrato un'associazione tra poco sonno con più alta mortalità (in generale, così

come per le malattie cardiovascolari) e un aumentato del rischio di diabete di tipo II, aterosclerosi e obesità.
Anche dormire più a lungo del normale, si è presentato come un fattore di rischio per molte malattie, ma non è ancora chiaro quanti di questi risultati possano essere spiegati da altri fattori come le patologie di base, i fattori socio-economici, ecc...
Studi sperimentali hanno dimostrato che la perdita di sonno modifica il metabolismo dei carboidrati, causando uno squilibrio nel rapporto tra insulina e glucosio, che può portare all'insulino-resistenza e al diabete di tipo II. È stato segnalato anche l'aumento della pressione sanguigna e della frequenza cardiaca. Oltre ai fattori metabolici, l'infiammazione di basso grado è un importante mediatore nello sviluppo delle malattie cardiovascolari e metaboliche.
Questi cambiamenti possono in parte spiegare come la perdita di sonno cronica possa aumentare il rischio di malattie cardiovascolari, insieme ad altri fattori di rischio.
Oltre alla quantità di sonno, per il corretto funzionamento del corpo è importante anche il tempo del sonno e della veglia, e nei sonni prematuri, può portare alla desincronizzazione degli orologi periferici e dell'orologio principale nel cervello, causando un aumento nel rischio di malattie metaboliche.

- Cosa viene studiato nel Team Sleep Helsinki?

Nel Team Sleep Helsinki (gruppo di ricerca Tarja Porkka-Heiskanen) dell'Università di Helsinki, abbiamo studiato i meccanismi molecolari della regolazione del sonno e

della veglia. Siamo interessati anche agli effetti della perdita di sonno, soprattutto in relazione alla depressione e, d'altra parte, ai sistemi periferici.
Nel mio progetto di tesi di dottorato, mi sto concentrando sugli effetti della perdita di sonno accumulata sul sistema immunitario e sul metabolismo dei lipidi.

Porgo i miei ringraziamenti alla Dr.ssa Vilma Aho, bioscienziata, ricercatrice del Gruppo del Sonno di Helsinki, Istituto di Biomedicina, Università di Helsinki (Finlandia), per averci contattato in merito all'importanza del sonno.

CAPITOLO 9. IL TASSO DI RIGENERAZIONE CELLULARE

Forse uno dei fenomeni meno ovvi che si verificano ciclicamente nel corpo e senza il quale non si potrebbe sopravvivere è quello della rigenerazione cellulare, che consiste nella creazione di nuove cellule che sostituiscono quelle vecchie, cioè il corpo è auto-guarente grazie alla generazione di nuove cellule che sostituiscono quelle precedenti che hanno già completato il loro ciclo di vita.
Questo processo, che si può osservare in tutti gli esseri viventi della natura, è ripetuto ininterrottamente dalla nascita alla fine della vita, anche se man mano che s'invecchia, il tasso di rigenerazione sarà più lento.
Le nuove cellule sono prodotte sia nei tessuti esterni, nei capelli, nelle unghie, nella pelle; che in quelle interne, come nelle membrane mucose, nei muscoli, nelle ossa e nel sangue; il rinnovamento di tutte le cellule dell'organismo avviene approssimativamente ogni 7 o 10 anni.
Ogni tipo di cellula si rigenera a una velocità diversa; i tessuti esterni si rigenerano più velocemente di quelli interni. Così l'epidermide, lo strato più superficiale della pelle, si rinnova ogni trenta giorni; mentre i globuli rossi del sangue ogni centoventi giorni e quelli del fegato ogni trecento-cinquecento giorni.
Fino a tempi relativamente recenti, si riteneva che

esistessero solo due tipi di cellule nel corpo che non si rigeneravano nel corpo, i neuroni nel cervello e le cellule cardiache del cuore.

Recentemente è stato scoperto che entrambi si rigenerano, ma a una velocità molto più bassa rispetto al resto, il che apre nuove vie di ricerca che possono essere applicate nel recupero dei pazienti che hanno subito un infarto miocardico, nel caso del cuore; o pazienti con lesioni cerebrali o malattie neurodegenerative come l'Alzheimer, nel caso del cervello.

Tuttavia c'è ancora molto da fare, perché dobbiamo ancora superare un piccolo ma importante ostacolo, i telomeri limitati, che sono le estremità dei cromosomi, che sembrano segnare la destinazione dal momento della nascita, come indicato da uno studio condotto dalla Facoltà di Scienze Biologiche, dell'Università di East Anglia (Inghilterra), i cui risultati sono stati pubblicati sulla rivista scientifica Molecular Ecology.

Gli autori dello studio hanno dimostrato come la lunghezza dei telomeri sia correlata all'aspettativa di vita della persona; quindi, un telomero più corto è correlato a un aumentato rischio di morte prematura.

Questa lunghezza del telomero è determinata dal momento della nascita, quindi si può dire che siamo programmati per morire.

Qualcosa di simile a ciò che accade agli elettrodomestici, che sono pre-programmati nella fabbrica per durare un certo periodo, dopodiché detto programma interno causa il malfunzionamento di alcuni dei suoi componenti e, alla fine, il dispositivo smette completamente di funzionare. Questo è noto come morte tecnologica programmata o obsolescenza programmata, una pratica estesa, il cui unico scopo è forzare la persona che stava godendo di quel dispositivo con una data di scadenza, sia esso un veicolo o un elettrodomestico, ad acquistarne uno nuovo.

Seguendo questa analogia, si può dire che il corpo ha la capacità di vivere molti più anni di noi. Questo è precisamente il motivo per cui alcuni autori hanno sostenuto che la natura fissa la data di scadenza dal momento della nascita e che, se il processo fosse esteso, potrebbe continuare fino a 150 anni.

Le ragioni, o la causa di questa "morte prematura programmata", sono ancora un mistero, una possibile spiegazione potrebbe essere che la natura vuole preservare un equilibrio tra le specie, ponendole a un fine che le renda sostenibili.

Ogni giorno, guerre, epidemie o altre catastrofi sconvolgono la vita delle persone, ma queste non soddisfano il "piano" che avrebbe potuto portarle a vivere 20 o 40 anni in più.

Tuttavia, se parliamo di rigenerazione cellulare, dobbiamo evidenziare uno dei fenomeni più eclatanti in natura per i neurologi, è quella che è considerata morte neuronale programmata chiamata apoptosi, un fenomeno di selezione naturale da cui si passa dall'avere centomila neuroni ad averne solo pochi migliaia. Un meccanismo mediante il quale tutti quei neuroni che in quel momento non hanno un contatto vengono eliminati, vale a dire stabilire connessioni con gli altri per far parte della grande rete che è il cervello, così come vengono eliminati i potenziali neuroni che potrebbero aver fatto parte di qualcosa ma che non lo sono.

Includere la morte neuronale programmata è un chiaro esempio di come la natura possa eliminare ciò che considera non necessario, nel caso dei bambini piccoli, viene attivata questa eliminazione selettiva di tutti quei neuroni che non sono stati collegati.

Nella fase adulta, avviene naturalmente un processo di perdita neuronale. Quei neuroni che non ricevono contatti da altri, sono meno nutriti di quelli che di solito funzionano, non partecipando né alle connessioni né ai messaggi che vengono ricevuti e trasmessi attraverso di essi.

Nella morte programmata viene attivata un enzima che eliminerà tutti quelli non collegati ad altri neuroni.

Alcuni autori hanno suggerito che alcune malattie, come l'Alzheimer, potrebbero essere dovute a un'attivazione inappropriata di questo processo, il che implicherebbe una distruzione indiscriminata a livello neuronale.

Altri autori affermano che, ciò che si produce in alcune demenze, è proprio la crescita incontrollata di alcune cellule che occupano gli spazi inter-neuronali, producendo danni tra le connessioni e la cui crescita eccessiva causa la morte dei neuroni circostanti.

Anche se finora abbiamo parlato di un tasso di rigenerazione cellulare regolare, a seconda del tipo di cellula e di dove si trova nel corpo, con il più basso tasso di sostituzione di neuroni e cellule cardiache, sebbene questo sia il processo naturale, questo può essere alterato, riducendo la vita delle cellule a causa di ciò che è noto come stress ossidativo.

Lo stress è un elemento psicologico, in cui la persona sente una domanda continua e al di sopra delle sue capacità, che ha un impatto diretto sul corpo attraverso l'ormone dello stress, chiamato cortisolo, prodotto dalla ghiandola surrenale e se viene mantenuto molto tempo nel corpo faciliterà la comparsa di problemi fisici, per esempio, alcune delle malattie psicosomatiche, come nel caso delle ulcere.

All'interno delle psicoterapie, è comune usare tecniche di rilassamento, visualizzazione positiva e respirazione, volte a fornire alla persona strumenti sufficienti per combattere i livelli di stress giornalieri, al fine di non innescare una malattia nel corpo.

Ma il concetto di stress non si limita unicamente al campo psicologico, poiché da alcuni anni ha iniziato a utilizzare il cosiddetto stress ossidativo, che si riferisce a uno squilibrio cellulare nell'elaborazione dell'ossigeno, che causa l'invecchiamento precoce delle cellule.

Tra le conseguenze dannose dello stress ossidativo si associa il diabete, il cancro, le malattie cardiovascolari e persino il morbo di Parkinson.

Inoltre, lo stress ossidativo è associato anche ad alcuni disturbi psicologici come gli affetti, l’ansia o i disturbi alimentari e persino la schizofrenia. È stato osservato anche un livello più alto di dipendenza da sostanze, in particolare alcol o oppioidi.

L'origine dello stress ossidativo è diversa, e talvolta difficile da specificare, parlando del livello di vita, dello stile di vita sedentario, del livello di ansia delle persone, ma anche degli agenti esterni come la radioattività o il sole.

È noto, ormai da un po' di tempo, il rapporto tra il luogo di lavoro e le malattie, infatti, le malattie che sono causate dal luogo di lavoro sono chiamate malattie professionali e tutte le persone che lavorano in quel settore ne sono esposte, indipendentemente dal paese in cui si trovano.

Particolarmente sensibile è il personale sanitario che lavora con i pazienti, ma tra questi il gruppo più sovraesposto a modifiche del D.N.A. è lo staff di radiologia, quindi questo personale è il più esposto allo stress ossidativo?

Questo è esattamente ciò che è stato ricercato congiuntamente dal Dipartimento di Biologia, Università Payame Noor, dalla Facoltà di Farmacia, e dal Centro di Ricerca Farmaceutica, l'Università di Scienze Mediche di Teheran e l'Università Islamica di Azad (Iran), i cui risultati sono stati pubblicati sulla rivista scientifica Health.

Lo studio ha coinvolto quarantasette persone, di cui ventotto donne, tutte provenienti dallo staff di radiologia di un ospedale, che non dovevano avere esperienza con alcol o altre droghe o soffrire di malattie come cancro, diabete, disturbi respiratori, del cuore o della tiroide.

Allo stesso modo, durante i precedenti 12 mesi non avrebbero dovuto lavorare nel dipartimento di radiologia, e come controprova, è stata eseguita un'analisi dello stress ossidativo, misura che sarebbe stata utilizzata per il confronto.

Dopo 2 anni di lavoro del personale, sono stati nuovamente presi dei provvedimenti, sia per lo stress ossidativo, che per la salute fisica e mentale per controllare gli effetti dell'esposizione "professionale" ai raggi X in un ambiente controllato come quello clinico.

I risultati riportano che, a livelli più elevati di stress ossidativo, vi è un maggiore coinvolgimento nella memoria verbale, nell'attenzione selettiva, nell'iniziativa della persona e nella velocità psicomotoria.

Sono state osservate differenze uomo-donna quando si presentavano disturbi di somatizzazione, depressione maggiore e ansia, essendo in tutti e tre i casi più elevati nelle donne rispetto agli uomini.

Uno dei limiti dello studio è che non si conosce la quantità di esposizione ai raggi X che ognuno ha ricevuto, supponendo che sia la stessa.

Le differenze del comportamento tra uomini e donne possono essere spiegate dal maggiore coinvolgimento emotivo del cervello emotivo nel comportamento delle donne già esposte da precedenti ricerche.

Lo studio presta particolare attenzione a uno staff sensibile che, nonostante le misure di prevenzione e sicurezza sul lavoro, continua a soffrire di tutti i tipi di "mali", sia fisici che psicologici dovuti allo stress ossidativo. Come è stato menzionato, lo stress ossidativo è stato visto in precedenza nell'invecchiamento normale ma anche in diverse psicopatologie, sebbene il ruolo nell'Alzheimer non sia chiaro.

Anche se le cause possono essere variate per provocare lo stress ossidativo, così come le conseguenze sulla salute, si è scoperto che è correlato ad un peggioramento della salute. Uno degli indici significativi della presenza di stress ossidativo è il livello di omocisteina nel plasma, un amminoacido di zolfo considerato uno dei più alti tassi di danno delle cellule neuronali, anch'esso correlato alla vitamina B12.

Uno dei problemi dell'Alzheimer è la differenziazione delle diminuzioni delle funzioni fisiche e psicologiche indipendenti dall'età.

La vecchiaia porta ad una graduale riduzione delle competenze, che coincide con gli effetti di questa malattia che si verifica nei pazienti anziani.

Ecco perché si cerca un indice che sia in grado di distinguere tra il normale e il patologico, con cui stabilire una diagnosi più accurata, ma anche di progettare farmaci in grado di rallentare la progressione della malattia di Alzheimer e anche di essere in grado di invertire i loro effetti.

Uno dei migliori candidati per questo, è proprio lo stress ossidativo, visto che è presente in varie patologie degenerative, lo stress ossidativo è correlato all'Alzheimer?

Questo è esattamente quello che cercano di scoprire dal Dipartimento di Geriatria, Qingdao Mental Health

Center (Cina) i cui risultati sono stati pubblicati sulla rivista scientifica BioMed Research International.

Nello studio hanno partecipato quaranta pazienti con Alzheimer senza sintomi, trentasette pazienti con diagnosi di malattia di Alzheimer con sintomi comportamentali e psicologici, e come gruppo di controllo trentanove persone della stessa età, ma senza la malattia.

È stato fatto a tutti i pazienti un esame del sangue, per cercare i diversi livelli di omocisteina nel plasma, come fattore determinante dello stress ossidativo.

I risultati mostrano differenze significative nei livelli plasmatici di omocisteina tra i pazienti di Alzheimer rispetto al gruppo di controllo, mentre i pazienti con sintomi comportamentali e psicologici hanno mostrato livelli più elevati di omocisteina nel plasma.

Queste differenze significative riguardano lo stress ossidativo con una diminuzione delle capacità psicologiche.

I risultati sono importanti, ma non è ancora chiaro se queste differenze possano spiegare il progresso della malattia, in ogni caso, è un fattore che deve essere considerato quando si prepara un trattamento farmacologico per combattere i suoi effetti.

Il tasso di rigenerazione cellulare viene alterato anche quando compare il cancro. Uno studio recente collega l'iper-attivazione del sistema endocrino e in particolare delle ghiandole surrenali, legate allo stress, con la comparsa del cancro.

Non stiamo parlando solo di cancro che può venire dallo stress ossidativo, come appena accennato, ma anche da stress psicologico, soprattutto quando diventa cronico.

Per comprendere le implicazioni delle ghiandole surrenali nel sistema endocrino, ricordate che esso è distribuito in tutto il corpo, ed è coinvolto in molte funzioni, ma quando funziona male, può innescare un tasso di rottura di divisione cellulare, e quindi, la comparsa di cellule tumorali.

Così è stato osservato che queste cellule sono morfologicamente uguali al resto delle cellule, ma con una caratteristica distintiva unica, e cioè che si dividono, copiando se stesse ancora e ancora ininterrottamente.

Quello che fa, in "poco tempo" potrebbe essersi diffuso ai tessuti o agli organi vicini, e tutto questo può interrompere il ciclo naturale della divisione cellulare.

Nel sistema endocrino vi è l'ipofisi o ghiandola pituitaria e la pineale nel cervello, ma si possono trovare anche in altri siti, come nella tiroide, nel pancreas, nel timo, nelle ovaie nelle donne e nei testicoli negli uomini, e nelle ghiandole surrenali. Successivamente, esamineremo ciascuno di questi e gli effetti della loro disfunzione:

- L'ipotalamo ha un effetto "iniziatore" dello stress con la produzione di C.R.H. che porterà alla liberazione di cortisolo nel corpo, ma produrrà anche ormoni regolatori di altre ghiandole endocrine, come la dopamina che inibisce la prolattina, inibendo così la produzione di latte; l'ormone che rilascia la tireotropina, che stimola la sua produzione dalla tiroide; l'ormone che rilascia la somatrotropina, che facilita la crescita; l'ossitocina che facilita il travaglio e l'allattamento al seno; e la vasopressina che promuove l'assorbimento di liquidi nel sangue. Un malfunzionamento interesserà molti ordini dell'organismo, con i quali comunica, trasmettendo così al resto le disfunzioni.

- L'ipofisi o pituitaria, rilascia ormoni che attivano la produzione di ormoni da parte di altre ghiandole, A.C.T.H. (AdrenoCorticoTropina) che, come abbiamo visto, faciliterà la produzione di cortisolo dalle ghiandole surrenali; la tireotropina che stimolerà l'assorbimento di iodio da parte della tiroide.

Inoltre, produrrà l'ormone della crescita, che facilita la crescita cellulare; l'ormone luteinizzante, che stimola l'ovulazione; la prolattina, che facilita la produzione di latte materno; l'ossitocina, che favorisce la contrazione uterina durante il travaglio e facilita l'allattamento al seno; la vasopressina, che stimola l'assorbimento di acqua del corpo.

Maggiore è il numero di funzioni, maggiore è il "danno" che si verifica nel corpo quando il corpo smette di funzionare correttamente, quando si è colpiti e una diminuzione della loro attività è chiamato ipopituitarismo, di solito si "esprime" in un'esecuzione scorretta delle funzioni degli organi associati, come la tiroide o la ghiandola surrenale.

- La ghiandola pineale, produce principalmente l'ormone della melatonina, coinvolto nel sistema immunitario, nella frequenza cardiaca e nel ciclo del sonno. La sua carenza provoca insonnia, depressione e accelerazione dell'invecchiamento.

- La tiroide secerne la tiroxina e la triiodotironina, che svolgono una funzione di regolazione della crescita, maturazione degli organi, nonché prontezza fisica e mentale. L'assenza di tiroxina nel corpo può portare ad un cretinismo, che comporta ritardo mentale e fisico, con crescita limitata o nanismo, con rischi meno accentuati, e un evidente ritardo nella crescita.

Per esempio, l'ipotiroidismo a sua volta causa perdita di memoria e affaticamento, perdita di peso e alti livelli di colesterolo.

- Il pancreas secerne insulina e glucagone, la prima utilizzata per metabolizzare i carboidrati, le proteine e i grassi, favorendo la formazione di grasso (riserve immagazzinate); il glucagone, aumenta i livelli di zucchero nel sangue, rilasciando il glucosio dal fegato. La mancanza di produzione d'insulina da parte del pancreas provocherà il diabete.

- Il timo produce ormoni, la timulina, la timopoietina e la timosina, coinvolti nella maturazione dei linfociti T, che sono cellule del sistema immunitario dell'organismo, la cui disfunzione colpisce il normale funzionamento del sistema di difesa, facilita l'infezione e può scatenare malattie autoimmuni, come per esempio, la miastenia, caratterizzata da debolezza e affaticamento muscolo-scheletrico, causando andatura instabile e irregolare, difficoltà nella deglutizione e nella respirazione, e disturbi del linguaggio.

- Le ovaie, i produttrici di estrogeni, necessari per la

formazione di caratteri secondari femminili, la distribuzione dei grassi, l'ampiezza del bacino, la crescita del seno e la bellezza; producono anche progesterone, la cui funzione è legata alle mestruazioni e alla preparazione del corpo per la gestazione e il parto. La loro disfunzione porterà ad alterazioni del ciclo mestruale, mal di testa, stitichezza, depressione e disturbi del sonno.

- I testicoli, produttori di androgeni, responsabili dello sviluppo delle caratteristiche sessuali secondarie negli uomini, oltre a produrre gameti maschili, chiamati spermatozoi. La sua alterazione può portare a squilibri ormonali, disfunzioni sessuali e infertilità.
- Le ghiandole surrenali producono cortisolo, chiamato anche ormone dello stress, più estrogeni, progesterone, steroidi, il cortisone, adrenalina e dopamina noreprefina.

Uno studio condotto dal Dipartimento di Pediatria, Divisione di Pneumologia e Biologia Vascolare, insieme con il Dipartimento di Scienze Cliniche, Dipartimento di Genetica Molecolare, Dipartimento di Farmacologia e il Dipartimento di Chirurgia, Centro Medico dell'Università del Texas Southwestern (USA) i cui risultati sono stati pubblicati sulla rivista scientifica in Cell Reports, ha collegato l'attività delle ghiandole surrenali con la possibilità di soffrire di cancro al seno.

Se fino ad ora si conosceva la relazione esistente con gli alti livelli di estrogeni, questo studio afferma che l'aumento della produzione di colesterolo stimola il cancro al seno, a causa di un metabolita del colesterolo chiamato 27HC.

Questa ricerca apre nuove modalità di intervento, spiegando in parte la scarsa efficacia dei trattamenti endocrini applicati finora al cancro al seno.
Anche se la scoperta riguarda solo le implicazioni farmacologiche, è chiaro che il colesterolo viene prodotto in situazioni di stress, in modo complementare a tali trattamenti sarebbe consigliabile fare un'adeguata formazione nelle tecniche di controllo e gestione dello stress per ridurre i livelli di colesterolo e con essa la possibilità di soffrire di cancro al seno e, in caso di sofferenza, rallentarne lo sviluppo e l'estensione.

Ma se fino ad ora abbiamo parlato dell'origine del cancro, dobbiamo anche parlare dei fattori che sono coinvolti nella sua cura, quindi le emozioni hanno qualche ruolo nella cura del cancro?
La conoscenza del rapporto tra corpo e mente viene dai tempi antichi, dai greci. Recentemente è stato scoperto che esiste un circuito che si collega sia attraverso il sistema P.N.I.E. (PsicoNeuroImmunoEndocronologia), che collega lo stato psicologico, lo stato neuronale, il sistema immunitario e il sistema endocrino; con il quale, l'alterazione di un sistema influenzerà gli altri.
Analogamente, per guarire la persona, non è sufficiente eseguire uno specifico intervento nel sistema danneggiato o coinvolto, se non dal punto di vista dei sostenitori della medicina psicosomatica, si deve eseguire intervento globale da sistemi diversi affinché si rafforzi l'organismo e lo aiuti ad affrontare il trattamento

e a migliorare la salute, ma qual è il ruolo dello stress nella cura del cancro?

Questo è quello che viene accertato dal Dipartimento di Scienze Umane e Sociali, insieme con il Dipartimento di Scienze Economiche, Aziendali e Scienze ambientali insieme con il Dipartimento di Metodi Quantitativi, Divisione di Matematica e Statistica, e il Dipartimento di Diritto e storia istituzionale, Università di Messina (Italia) i cui risultati sono stati pubblicati sulla rivista scientifica Procedia - Social and Behavioral Sciences.

Lo studio ha coinvolto centosettantacinque pazienti affetti da cancro, di cui centoquarantuno erano donne, che hanno ricevuto la chemioterapia come trattamento. Il 46% con carcinoma mammario, il 30% con carcinoma colon-rettale e il 24% non specificato.

È stato utilizzato un questionario standardizzato per valutare le metacognizioni, cioè i pensieri e le idee su qualcosa, che sono decisivi per il livello di stress; se hai un'idea corretta del trattamento e delle sue conseguenze, il livello di stress è inferiore, rispetto a quando non lo hai; valutata attraverso M.C.Q.-30 (Metacognitions Questionnaire-30) adattato in italiano.

Allo stesso modo, per valutare sia il livello di stress che la depressione dei pazienti è stata utilizzata una scala di autovalutazione standardizzata, l'Hospital Anxiety and Depression Scale.

I risultati mostrano una relazione negativa significativa tra le metacognizioni e i livelli di stress e depressione, questi sono, per una minore chiarezza per quanto riguarda le informazioni sul trattamento e le sue conseguenze, livelli più elevati di stress e depressione.

Come suggerito dagli autori dello studio, con questi risultati sembra chiaro che, quando si affronta il trattamento del cancro, deve essere dato un ruolo principale agli aspetti psicologici, al fine di facilitare una maggiore efficacia.

Uno dei limiti dello studio è che hanno effettuato solo misure di autovalutazione, in cui la persona pensa a se stessa, misure che potrebbero essere completate per aumentare la loro validità, insieme a valutazioni della percezione da parte dei familiari o degli operatori sanitari che li accudiscono.

Sebbene i dati non debbano cambiare, nell'analisi i risultati potrebbero essere stati separati in base al tipo di tumore che si ha o attraverso il sesso del paziente, informazioni che non sono state prese in considerazione.

Allo stesso modo, lo studio non propone il tipo di intervento da eseguire, né lo valuta, quindi sono necessarie nuove ricerche per sapere come migliorare il trattamento nei pazienti oncologici, attraverso l'intervento sugli aspetti psicologici della persona.

Alla luce dei risultati, ci si aspetterebbe che, in ogni unità di trattamento del cancro, attraverso la chemioterapia o attraverso altri mezzi, la presenza di uno psicologo, al fine di dare sostegno e risolvere i dubbi delle persone e dei loro parenti.

A questo proposito, sono stati fatti molti progressi dagli ospedali e dai centri sanitari, inclusi gli psicologi oncologi, che sono psicologi specializzati nel trattamento di questo tipo di pazienti, perché risultati

come quelli presenti hanno reso la loro presenza sempre più necessaria.
Come accennato nell'introduzione, dalla medicina psicosomatica la persona è concepita come un essere globale, i cui sistemi sono interconnessi e dove è richiesto un intervento da diverse aree per rafforzare e migliorare la salute, come in questo caso, intervenendo sullo stress nella cura del cancro.

CAPITOLO 10. CONCLUSIONE

La cronobiologia è la scienza che studia i cicli biologici e in ambito umano, studia i movimenti ciclici del sonno, della muscolatura liscia o degli ormoni.
Per questo dalla cronologia, che studia il modo in cui il tempo influisce sugli esseri viventi, alla metà degli anni sessanta del secolo scorso, si è passati all'evoluzione nello studio di cronobiologia, per cercare di scoprire come si sono verificati alcuni fenomeni, ciclicamente negli organismi.
Non ci sono voluti più di 10 anni per estendere questo interesse alla cronobiologia medica, il cui scopo era quello di scoprire come si evolvevano le malattie, quale fosse il loro ciclo di diffusione e mortalità.
Una branca della scienza che ha fornito informazioni preziose per la lotta contro le malattie, che ha portato alla consapevolezza che, in certi momenti della giornata, è più probabile che compaiano certe malattie che in altre.
Tuttavia lo studio non è rimasto lì, è stato esteso allo scopo di curare l'organismo, ed è stato dimostrato come il sistema immunitario agisca anche ciclicamente, con quello che oggigiorno funziona, per capire come realizzare questo ciclo di interazione difesa dell'organismo con i farmaci che vengono somministrati.
Pertanto, quando andiamo dallo specialista, prescrive il farmaco, indicando le dosi giornaliere e il tempo di

somministrazione, ad esempio "Prendi uno ogni 12 ore" o "Prendi uno prima di ogni pasto", cercando di aumentare l'effetto del farmaco nel corpo regolandolo meglio ai suoi cicli.

Un grande progresso nell'efficacia dei farmaci, perché in precedenza era stato scoperto che alcuni non funzionavano con alcune persone, ed era proprio al momento dell'assunzione della stessa, che stava riducendo la sua efficacia.

Come vediamo, è un ramo della scienza giovane, ma molto promettente in termini di conoscenza, che può fornire e può apportare dei benefici attesi dai pazienti.

www.ingramcontent.com/pod-product-compliance
Ingram Content Group UK Ltd.
Pitfield, Milton Keynes, MK11 3LW, UK
UKHW021922190726
13853UKWH00002B/801